U0643226

伟大城市

——中国城市软实力研究及济南实践

WEIDA CHENGSHI

ZHONGGUO CHENGSHI RUANSHILI YANJIU JI

JINAN SHIJIAN

丁召华 主 编 耿 仝 杜玉松 范玉明 副主编

济南出版社

图书在版编目（CIP）数据

伟大城市：中国城市软实力研究及济南实践 / 丁召华主编；耿全，杜玉松，范玉明副主编 . —济南：济南出版社，2023.8
ISBN 978-7-5488-5784-6

Ⅰ.①伟… Ⅱ.①丁… ②耿… ③杜… ④范… Ⅲ.①城市文化 – 文化事业 – 研究 – 济南 Ⅳ.① G127.521

中国国家版本馆 CIP 数据核字（2023）第 131231 号

伟大城市——中国城市软实力研究及济南实践

WEIDA CHENGSHI
ZHONGGUO CHENGSHI RUANSHILI YANJIU JI JINAN SHIJIAN

丁召华 主 编 耿 全 杜玉松 范玉明 副主编

责任编辑	董傲图 尹海洋 吴晟豪
装帧设计	安 宁

出版发行　济南出版社
地　　址　济南市市中区二环南路 1 号（250002）
总 编 室　0531—86131715
印　　刷　济南万方盛景印刷有限公司
版　　次　2023 年 8 月第 1 版
印　　次　2024 年 1 月第 1 次印刷
开　　本　170mm×240mm　1/16
印　　张　18.5
字　　数　227 千
印　　数　1—2000
书　　号　ISBN 978-7-5488-5784-6
定　　价　128.00 元

如有印装质量问题，请与出版社出版部联系调换
联系电话：0531-86131736

版权所有 盗版必究

主　编

丁召华

副主编

耿　仝　　杜玉松　　范玉明

编　委（按姓氏笔画排序）：

马　建　富润纵横（山东）资产评估集团有限公司

任骁雁　潍坊市住房公积金管理中心昌邑分中心

李伟毅　山东新嘉置业有限公司

袁崇顺　潍坊市敬顺工程项目咨询有限公司

前　言

　　城市化，是一个国家社会经济发展到一定阶段后必然经历的发展阶段。中国经历了世界上规模最大、速度最快的城市化进程，常住人口城镇化率从 1978 年的 17.92% 到 2022 年的 65.2%，40 多年间提升超 47 个百分点，城镇人口增量超过了欧洲人口的总和。最近 10 年，中国城市化沿着高质量发展的方向前行，城市经济发展水平达到前所未有的高度。2012 年中国万亿元 GDP 城市有 7 个，到 2022 年万亿元 GDP 城市已达 24 个，中国的城市化成就举世瞩目。当处在这一高度之时，城市该向何处去，成为事关发展全局的重要一环。在建设中国式现代化的今天，必然要走出一条具有中国自身特色的新型城市化道路，这就是中国式城市化。

　　中国式城市化是一条绿色、包容、创新的发展之路，是中国式现代化的必然选择。中国式现代化是人口规模巨大的现代化，是全体人民共同富裕的现代化，是物质文明和精神文明相协调的现代化，是人与自然和谐共生的现代化，是走和平发展道路的现代化。这同时也是中国式现代化城市所应具有的特征。中国式现代化城市，应该是高质量发展的城市，是高效能治理的城市以及高品质生活的城市。它的发展本质，是城市不断满足人民在经济、社会、生态、文化等方面日益增长的美好生活需要，即充分体现"以人民为中心"的理念实践。这一理念是一个综合概念，涵盖了城市的硬实力和软实力两个方面的内容。

"软实力"概念发端于西方，从系统性地提出到发展成为具有全球影响力的战略性概念，不过30余年的时间。"城市软实力"概念的系统性提出，以及围绕这一概念进行的专门研究出现得更晚一些。不同于西方学术概念，我们在本书中所谈到的"城市软实力"，是指有中国特质的城市软实力，其特质是中国式现代化城市的软实力，是结合中国城市的诸多相关要素的现状和实践，对城市软实力进行系统、深入的中国式探索。故本书所言的"城市软实力"，是在中国城市进入从高速发展到高质量发展的战略转型期，软实力有了硬核功能之后才具有的概念。

城市空间是国家布局文化软实力的载体，推动城市的软实力发展，要向中华民族伟大复兴维度深化，既要"大破"又要"大立"。宏观上，需要按照中国式现代化的内涵和要求，进行围绕城市的体制创新及区域发展战略调整，解构旧有的城市发展模式和格局，健全城市高质量发展的创新思路与长效机制。微观上，要在遵循城市内在秩序和规律的前提下，以城市更新为推动，对城市空间及城市产业进行提升和重新布局。近年来，很多城市从人民城市、创新城市、智慧城市、生态城市、人文城市等方向着手提升城市软实力，更有一些超大特大城市开始系统性地谋划城市软实力建设。如 2021 年 6 月，上海率先提出全面提升城市软实力的部署。又如 2022 年 4 月，济南开始整体布局城市软实力建设，并提出"硬实力让城市强大，软实力让城市伟大"的观点。

无论是上海还是济南，都是在加速提升城市能级战略下对城市软实力进行布局的。城市能级的发展思路，是中国城市发展到一定阶段的普遍做法。提升城市能级是高质量发展的必由之路，体现了发展的价值取向和功能定位，决定了城市的现代化水平和对周边地域的影响力。我们注意到，当城市处在能级提升的关口，对城市软实力的需求最急迫。在内在支撑和外在发展条件都完备的前提下，城市软实力将是城市能级提升的加速器，将进一步整合并带动城市所有物质及非物质的资源，为城市能级跃升提质加速。所以本书将观察和研究的主要方向，指向中国的超大、特大及大型城市的软实力建设实践。

在中国城市软实力研究中，我们选取了济南为观察样本。之所以观察济南，是因为济南是中国特大城市中城市规模居中，经济发展均衡且文化底蕴深厚，既有国家战略叠加，又有地域发展特点的城市。同时，济南有整体提升城市软实力的主观能动性，且谋划布局已从无到有徐徐展开，它的实践将对更多的中国城市具有普遍的指导意义。

对于城市软实力这一交叉边缘学科来说，实践是最好的理论研究。本书的研究重点，既不在概念与内涵，也不在各类指标体系的建立，而是将重点放在城市软实力发展路径的实践探索上，从具体城市的高质量发展实践中审视城市软实力，探索能够提升城市软实力的政策和体制机制，构建城市软实力的中国方案。希望通过本书的浅显探讨，能对各地推进中国现代化城市建设带来一点启发和参考。

编　者

目 录 MULU

话/题

软实力与城市

HUATI

RUANSHILI

YU

CHENGSHI

"软实力"概念的提出

软实力（Soft Power）是一个源自政治学和国际关系领域的概念，是综合国力的重要组成部分。软实力是一种隐性力量，一般是指一个国家通过影响力、吸引力和说服力等发生作用的，通过文化、价值观、制度或政策等内容呈现的实力。国际视野来看，软实力是分析国际政治时事中不可或缺的因素，软实力竞争已成为综合国力竞争的一种基本形态，是一国综合国力的重要体现。

进入当代社会后，软实力这一力量普遍存在于经济发展迅猛、政治制度先进或历史文化悠长的各大国中。但各国对这种实力并没有一个清晰、系统的认识，没有将其视为一种战略资源和发展资源并进行专门定义和系统研究。

第二次世界大战期间，美国耶鲁大学国际问题研究所主持人、国际政治学家尼古拉斯·斯皮克曼（Nicholas John Spykman）出版了他的第一本著作《世界政治中的美国战略：美国与权力平衡》。该书在讲述国与国之间的较量时，把民族同质性、社会综合程度、政治稳定性、国民士气视为一种力量。冷战开始后,国外学者在综合国力的对比研究中发现,国家实力除受经济实力、军事力量等有形因素影响外,还存在着其他无形的重要因素,软实力的影响越来越显性化。美国乔治敦大学战略与国际研究中心主任克莱因(Ray S.Cline)在 1975 年出版的《世界权利的评价》和 1981 年写的《80 年代的世界国力趋势与美国对外政策》中,从政治结构上论述了国际冲突中的国家实力的概念。他提出了一个国力评估公式,即一国的国力 PP=(C+E+M)×(S+W)。其中,C 代表人口和领土,E 代表经济实力,M 代表军事实力,S 代表战略意图,W 代表国家意志。该公式虽然没有反映出科技的巨大作用,且没有从时间流程变化来估算综合国力,但兼顾了有形因素和无形因素,开始关注"战略意图""国家意志"等无形的、难以用静态标准来衡量的无形因素,开启了对软实力内涵及表现形式的初步探讨。

随着冷战后国际形势的深刻变化,国与国之间综合国力的竞争已经从单纯的军事实力、经济实力、科技实力竞争,日益转变为文化、价值观、国际形象、制度政策等方面的竞争。在这一背景下,软实力研究与应用成为潮流。1990 年,美国哈佛大学肯尼迪政治学院院长、国际关系理论中新自由主义学派的代表人物约瑟夫·奈(Joseph Nye)在《注定领导:美国力量本质的演变》一书中首次明确了"软实力"的概念。他认为,一个国家的实力由"硬实力"和"软实力"两部分组成,"硬实力"包括基本资源、军事力量、经济力量和科技力量,"软实力"则包括文化的吸引力、制度的吸引力、掌握国际话语权的能力三个方面。同年，约瑟夫·奈在《外交政策》杂志上发表了《软实力》一文，详细阐述了软实力作为"权力的第二张脸"这一概念，意指让他国想自己所想的"同化力"，这种实力的来源既可以是文化或意识形态吸引力，也可以是规则、机构或国际机制，甚至是跨国公司、文化。1999 年，他又在《时代》周刊上进一步指出："软实力是一个国家的文化与意识形态诉求。它是一种通过吸引力而不是强制力获得理想结果的能力。它是通过让别人信服他们应该跟随你或让他们同意那种能够产生你所需要的行为的标准和制度来工作。……在今天这个全球信息时代，软实力变得越来越重要。"2004 年，约瑟夫·奈在《软实力——国际政治中的制胜之道》一书中对软实力给予更为简明的定义："软实力是一种能力，它能通过吸引力而非威逼或利诱达到目的。这种吸引力来自一国的文化、政治价值观和外交政策。"这一概念得到学界广泛的认同。很明显，约瑟夫·奈的软实力概念更侧重于"权力"，旨在让其他国家按照本国意愿行动，是服务于美国的霸权主义与强权政治的学术范畴。

冷战结束后，美国维护和强化其全球霸主地位的战略需要为软实力理论的传播提供了土壤。美国在文化价值观、发展模式、民主政治以及国际规则制定等方面的影响力极大地得到加强。尽管美国政界对约瑟夫·奈的理论有极高评价，但美国学界对他的这一观点褒贬不一。

耶鲁大学教授保罗·肯尼迪认为，约瑟夫·奈提出软实力概念的基础是美国思想文化在全球的吸引力，但是对于美国文化合理性的争议是很大的，也是无从考证的。哈佛大学教授萨缪尔·亨廷顿认为，软实力依然为硬实力所左右，并不能独自发挥作用。耶鲁大学教授尼古拉斯·斯皮克曼则扭转了约瑟夫·奈关于软实力的功能指向，并不直接着眼于外交战略和国际话语权，而是将民族同质性、社会综合程度、政治稳定性、国民士气等视为国家的软实力，认为这些因素都会对国家的综合实力构成影响。

美国以外的其他发达国家也争相提升软实力，充分利用各自在软实力资源方面的优势，争取在未来国际格局的塑造中占据主动。德国、法国有重视思想文化的传统，历史上曾出现过一大批思想、文化、艺术名人，所以两国对软实力的认识更侧重于文化实力，非常注重保护、挖掘其文化资源，也善于把文化充分运用于外交领域，塑造良好的国家形象。英国对软实力主要侧重于文化外交和英语国际传播，自英帝国解体后，软实力成为维系英国全球大国地位的重要保障。日本对软实力的研究也侧重于文化，在文化资源保护及文化输出方面有深入实践，但总将软实力同国家政治态势紧密关联在一起，反而成为负面效应。俄罗斯因为地缘政治和历史原因，对美国的软实力理论十分警觉，一些学者还把软实力与美国支持的颜色革命联系在一起，认为软实力是为达到自身利益而采取的不光彩的手段。2012年底，普京在文章中第一次公开使用"软实力"一词，俄罗斯才开始对软实力展开了普遍的讨论和研究，并习惯性地将文化软实力看作是具有巨大潜力的政治工具。

联合国教科文组织曾对文化软实力的功能进行过定义：文化软实力致力于促进观点和思想的交流、促进对其他文化的了解，并在社群之间架起桥梁。其最终目的是寻求促进文化多样性的积极愿景，强调其是创新、对话与和平的源泉。这一界定，淡化了约瑟夫·奈提出的软实力概念的权力色彩，并强调了其沟通与桥梁作用。

国外学者有不少针对中国软实力的专门研究，主要集中在对中国软实力现状的研究。美国学者约书亚·科兰兹克《魅力攻势：看中国的软实力如何改变世界》一书认为中国软实力取得了长足的进步，该书第一次系统地梳理了中国软实力如何在亚洲及整个世界发展的思路，提到中国软实力的长足进步必将导致一个亚洲新秩序的产生，并提示美国政府要正视中国影响力提升的现实。奈尔·雷维克在《中国的文化软实力——逐渐显现的国家文化安全语境》一文中认为，中国大力发展文化软实力是对自己发展模式、国家价值观和政治领导模式的充分自信。华裔德国学者辜学武教授在其文章《中国已晋升为世界强国？》中也持有相似观点。美国学者贝茨·吉尔在《中国软实力资源及其局限》一文中侧重于当前中国文化软实力遭遇的困境，他认为中国在外交政策、文化和政治观念中的资源逐渐增加，但在将资源转化为外交政策时受到很大约束，这些软实力资源不会自动转化成中国所期待的成果。

2023 年，软实力概念的提出者约瑟夫·奈的新作《软实力与中美竞合》在北京出版。约瑟夫·奈在书中提到，进入 21 世纪，中国和亚洲走上复兴之路，权力从西方向东方转移，在这样一个过程中，大国竞争也许是不可避免的。软实力是一国以自己的文化、理念、价值观来吸引他国的力量，它可以让中美两国对彼此更有吸引力，有助于管控好两国间的"竞争合作"，从而避免出现破坏性的后果。

从"竞争"到"合作"，这种观念的转变源于中国举世瞩目的发展，以及中国发展软实力所产生的巨大力量。

中国语境下的"软实力"

  中国长期以来对经济建设的过度重视，导致服务、医疗、文化和教育等方面的社会基础设施建设相对滞后，公共服务和公共产品的供给数量严重不足，软硬实力发展明显失衡。重视软实力发展，是中国在新时期国家发展战略转变的特征之一。

  中国语境下的软实力，就是中华民族伟大复兴视野下的软实力。

  中国在发展软实力上有先天优势。在中国的哲学体系和社会文化中，有许多与软实力理念相似的认知。古代社会，统治者将道德、文化视为国家健康发展的第一要素，并赋予其法理性，将其视为施政基础。在国家之间的关系上，主张一个国家应通过以身作则获得领导者地位，反对将自己的意志强加于人，并强调外交斡旋而非军事对抗。古语有云"江山之固，在德不在险"，对地缘文化或地缘传统而言，"德"是一种焕然彰显、直指人心的道义力量。这类观点有很多，中国很早就开始了软实力的认知和实践，并成为一种文化认知。当然，过去并没有"软实力"这一概念，也没有那么明显的功利性。

在中国，soft power 一词至少有三种不同译法，分别是软实力、软权力、软力量，"软实力"是使用最频繁的译法。"软实力"字面意思是"soft strength"，暗示某人有展示这个实力的能力和手段。"软权力""软力量"，则意味着拥有某种威信、权利，或表示一种绝对碾压的实力。词义的细微差别，就已经说明中国人对 soft power 的认知态度。

20 世纪 80 年代中期，我国综合国力方面的研究学者就已经开始关注软实力的相似概念。如丁峰峻 1987 年发表于《学术界动态》的《综合国力论——我国国家发展战略刍议》一文，使用了"软国力"这一概念，提出了综合国力质量公式，即综合国力＝软国力 × 硬国力＝（政治力＋科技力＋精神力）×［R（自然力＋人力＋经济力＋国防力）］。

中国学界从 1993 年开始关注"软实力"问题研究。1993 年，复旦大学教授王沪宁在《作为国家实力的文化：软权力》一文中引用了约瑟夫·奈的观点，并把"文化"当作一种国家实力，"……国际风云的变幻和国际力量对比的变化，使'软权力'成为一个国家对外交往的基本力量"。中国人对软实力的认识，是从"软权力"的译法开始的，国人从此开始认识"软实力"概念。20 世纪 90 年代，中国学者或围绕约瑟夫·奈的理论观点展开探讨，或提出中国以和为本的价值观和依靠德行赢得尊重的文化传统在文化多元化、全球化的时代会产生积极作用，并没有展开系统性的软实力研究，独立成果较少。

步入 21 世纪后，在西方文化软实力理论的探讨和研究中，中国学界结合软实力问题、结合中国的社会背景对中国话语背景下的文化软实力问题作出了理论探讨，取得了一些成果。同济大学门洪华提出软实力主要包括五个核心要素：文化、观念、发展模式、国际制度和国际形象。其中，文化、观念、发展模式构成软实力的"内功"，国家形象构成软实力的"外功"，而国际制度联结并跨越两者，成为中国展示和建构软实力的主渠道。学者胡健则将国家软实力的要素分解为政治力、外交力、文化力、社会力等四个方面，并认为硬力量和软力量不是一种对立的关系，而是一种过渡关系。对于软实力与硬实力的关系，复旦大学教授苏长和认为，硬实力和软实力是相辅相成的，软实力以硬实力为基础，但坚强的硬实力并不必然意味着一国由此可以产生足够的软实力，有的时候一国的软实力可能在其积累长时间的物质权力后，才会显现出来。

很显然，建立在中文话语与学术背景之上的"软实力"概念，从开始出现就与约瑟夫·奈的"软权力"有着很大的区别。约瑟夫·奈的"软权力"概念是基于西方现实主义国际关系理论提出的，软实力作为外交战略和国际权谋的手段，把文化仅仅看成软实力中的一个重要方面。而我国的"软权力"概念是建立在关系平等、和平发展基础之上的，更强调软实力在综合国力中的地位和作用，将文化放在软实力的核心地位。对中国来说，软实力并不局限于在国际上塑造良好的国家形象，在国内施展软实力也同等重要。在中国，软实力涵盖了社会主义精神文明建设、中国特色社会主义文化建设、社会主义意识形态与核心价值体系建设、社会主义文化强国建设等几大重要方面。几十年的发展成就表明，除了军事力量、经济力量和科技力量等外在硬实力之外，文化、价值观、制度或政策等呈现的软实力更具决定意义。

制度或政策是软实力得以提升的重要保障。党的十六大之后，党和国家将提高"文化软实力"作为一项重要发展战略。文化软实力是由思想、价值观、精神等文化要素体现出来的凝聚力、创造力、影响力，是国家创造的文化成果及其在内政、外交上的综合体现，具有促进国家硬实力、维护和增进国家利益的重要作用。"文化软实力"是对"软实力"的一种超越，是我国对国际综合国力竞争趋势的一种积极回应。自此开始，中国文化软实力研究从零散研究向有组织研究发展，从单一国际政治学研究向跨学科综合研究发展，从诠释西方学者观点向中国软实力话语体系建构发展。

2006年11月，胡锦涛在中国文联第八次全国代表大会、中国作协第七次全国代表大会上的讲话中，提出现阶段中国文化工作的主题和建设和谐文化的任务，将国家软实力看作是一项重大现实课题。他指出：繁荣社会主义先进文化，建设和谐文化，为构建社会主义和谐社会做出贡献，是现阶段我国文化工作的主题。和谐文化既是和谐社会的重要特征，也是实现社会和谐的精神动力。建设和谐文化，是构建社会主义和谐社会的重要任务，也是构建社会主义和谐社会的重要条件。如何找准我国文化发展的方位，创造民族文化的新辉煌，增强我国文化的国际竞争力，提升国家软实力，是摆在我们面前的一个重大现实课题。

激发全民族文化创造力，提高国家文化软实力，是党的十七大以来国家发展的总体战略组成部分。2007 年 10 月，党的十七大报告中首次提出了"文化软实力"的概念，提出："要坚持社会主义先进文化的前进方向，兴起社会主义文化建设新高潮，激发全民族文化创造活力，提高国家文化软实力，使社会文化生活更加丰富多彩，使人民精神风貌更加昂扬向上。"明确指出："当今时代，文化越来越成为民族凝聚力和创造力的重要源泉、越来越成为综合国力竞争的重要因素，丰富精神文化生活越来越成为我国人民的热切愿望。"报告中的"文化软实力"概念以人民为出发点与落脚点，将文化软实力看作是综合国力的重要组成部分。2011 年 10 月，党的十七届六中全会进一步强调：增强国家文化软实力和中华文化国际影响力的要求更加紧迫。

2012 年 11 月召开的党的十八大进一步强化了文化软实力在我们国家发展的战略地位，强调"全面建成小康社会，实现中华民族伟大复兴，必须推动社会主义文化大发展大繁荣，兴起社会主义文化建设新高潮，提高国家文化软实力"。十八大报告在谈到全面建成小康社会时提出了五点新要求，即：经济持续健康发展，人民民主不断扩大，文化软实力显著增强，人民生活水平全面提高，资源节约型、环境友好型社会建设取得重大进展。从全面建成小康社会"五位一体"的高度来定位增强国家文化软实力，并在报告第六部分专门谈到了社会主义文化强国建设。对于如何提升国家文化软实力，十八大报告提出了三个方面的努力途径：社会主义核心价值观深入人心，文化产业成为国民经济的支柱性产业，社会主义文化强国建设的基础更加扎实。很明显，提升文化软实力的出发点和依靠是价值观，社会主义核心价值观凝结着全体人民共同的价值追求，是社会主义文化的核心内容和意识形态的本质体现。

2013 年 12 月 30 日，习近平在主持中共中央政治局集体学习时围绕"着力提高国家文化软实力"发表了重要讲话，将提高国家文化软实力上升到关系"两个一百年"奋斗目标和中华民族伟大复兴、中国梦实现的重要位置，指出提高国家文化软实力的四个方向：努力夯实国家文化软实力的根基，努力传播当代中国价值观念，努力展示中华文化独特魅力，努力提高国际话语权。

2017 年 10 月，党的十九大报告对发展中国特色社会主义文化，加强国家文化软实力建设作出全面部署。报告中强调："要坚持中国特色社会主义文化发展道路，激发全民族文化创新创造活力，建设社会主义文化强国。"同时提出，到 2035 年实现"社会文明程度达到新的高度，国家文化软实力显著增强，中华文化影响更加广泛深入"的文化发展目标。2020 年 10 月，党的十九届五中全会通过的《中共中央关于制定国民经济和社会发展第十四个五年规划和二〇三五年远景目标的建议》，明确提出到 2035 年建成文化强国的远景目标，并强调在"十四五"时期推进社会主义文化强国建设。2021 年 7 月 1 日，习近平总书记《在庆祝中国共产党成立 100 周年大会上的讲话》中提出："坚持把马克思主义基本原理同中国具体实际相结合、同中华优秀传统文化相结合。"再次明确了大力加强社会主义核心价值观建设，是不断提升我国文化软实力的重要途径和强大动力。

2022 年 10 月，党的二十大报告中提出："围绕举旗帜、聚民心、育新人、兴文化、展形象建设社会主义文化强国。"围绕新时代中国特色社会主义事业总体布局和战略布局，以社会主义核心价值观为引领，以推动文化高质量发展为主题，以深化文化领域供给侧结构性改革为主线，以文化改革创新为根本动力，以满足人民日益增长的精神文化生活需要为根本目的，着力建设具有强大凝聚力和引领力的社会主义意识形态、具有强大生命力和创造力的社会主义精神文明、具有强大感召力和影响力的中华文化软实力。

中文语境下的"软实力"，核心是马克思主义及其中国化理论，主要载体是文化。从政策层面来看，我国的软实力概念主要是文化软实力，被赋予了具有中国特色的新内涵，并成为综合国力的一个重要组成部分。

城市软实力的主要范畴

当国家层面的软实力投射到区域层面，由城市这个载体体现出来，就形成了城市软实力，它对国家软实力的提升起着重要作用。

城市是人类财富和文明的主要汇聚地，其发展水平是一个国家现代化水平的重要标志。城市的发展，包含物质、文化、制度三位一体的内涵。但在一个长时间的认知里，经济总量是城市发展的唯一衡量标准。当中国城市处在经济规模急速扩大和经济协作不断加强的大背景下，人们开始认识到，城市不仅是物质的、经济的重要载体，更是文化、人文精神以及价值观念的体现场所，文化及制度建设业已成为城市综合实力的重要组成部分。

城市软实力，是指建立在城市文化、政府服务、居民素质、形象传播等非物质要素之上的，体现城市社会凝聚力、文化感召力、科教支持力、参与协调力等各种力量的总和，是城市社会经济和谐、健康、跨越式发展的有力支持。这些力量相互促进，相互影响，引领并带动城市竞争力的提高。

　　关于城市软实力的内涵，不少学者和机构对此进行了许多有益的探究。复旦大学教授倪世雄将城市竞争力分为硬力和软力，虽然没有明确采用"城市软实力"的表述，却首次提出将城市竞争力分为两部分来研究。学者陈志将城市软实力界定为城市以其文化和哲学为精髓的文化软实力、社会软实力和环境软实力之和，并相继定义了"文化软实力""社会软实力""环境软实力"等概念。学者马庆国等提出：城市软实力是指在城市竞争中，通过文化、政府管理、市民素质等非物质要素的建设，不断增强文化的影响力、政治上的吸引力、市民的凝聚力以及城市形象的亲和力，充分发挥它们对城市社会经济运作系统的协调、扩张和倍增效应，从而全面提升城市经济、社会、政治的发展水平，塑造良好的城市形象，提高城市竞争力，为城市经济社会的和谐、健康发展提供无形有质的动力。学者陶建杰在其研究中对城市软实力进行相关界定，他提出城市软实力应将国家软实力的诸要素，投射到城市层面，然后删除不适合城市层面的要素，增加有城市特色的要素。复旦大学孟建教授提出了关于城市软实力的五大关键词，即形象传播力、文化号召力、政府执政力、区域影响力和城市凝聚力。学者姜绍华认为城市软实力主要指城市的精神与文化力量，包括城市政治、社会、文化、教育、公民素质、人文环境、体制机制与对外影响力等多个方面，并提出从城市形态、城市精神、城市产业与市民心态四个方面构建与提升城市软实力。深圳 2009 年的文化蓝皮书对文化软实力的内涵作了相关论述，将城市文化软实力的内涵定义为价值创造力、文化创新力、城市文化辐射力、城市凝聚力、城市影响力、城市识别力。他们从不同的侧面解析了城市文化软实力的构成要素，无论从理论研究还是实践操作上都具有重要参考价值。

城市软实力是利用价值观、文化、制度等软要素的感召引领，进而产生的一种无形力量。从城市软实力是文化软实力在城市区域的投射这一角度出发，可以将城市软实力看作是由文化凝聚力、文化整合力、文化发展力、文化服务力、文化创新力、文化吸引力、文化传播力等数个子系统构成的有机整体。

文化凝聚力，是一座城市对市民观念和行为的感召能力，体现在城市文化精神中。城市精神是城市人文历史遗留和精神传承的集中体现，是通过千百年的文化积淀和强化所形成的地域特有的文化特质。城市文化融汇到当地城市居民的日常生活和思维习惯中，维系着居民对城市强烈的认同感和凝聚力，并折射出城市人群的生存状况、行为方式、精神特征及城市风貌的总体形态。只有在具有高度文化凝聚力的城市，每个人才会自觉地关心、热爱这座城市，城市才具有持续发展的强大动力。

文化整合力，是一座城市将多元文化纳入城市主流文化轨道的能力，体现在城市文化意识中。在城市文化建设的过程中，通过强化主流城市文化对各种亚文化的吸引力，用更为先进和文明的生活方式、交往方式、价值观念来影响进而取代那些不符合现代城市发展的文化形态，形成一种涵盖了所有成员，能体现其根本文化诉求的新型城市文化。城市文化意识的提升可以推动城市文化品位的提高，增强城市的文化软实力和吸引力。

文化发展力，是城市在文化领域的持续发展能力，体现在教育投入、人才培养和科技创新三个方面。其中，城市教育投入决定着城市教育的普及程度和人力发展的规模与素质，人才培养是提高城市竞争力的强大智力支撑和动力源泉，科技创新决定着城市的竞争优势，单一方面的发展并不能意味着城市文化实力的真正提升。

文化服务力，是城市对文化发展的保障能力，体现在公共服务、文化政策保障、文化设施建设、文化从业者数量中。公共服务是城市管理的一种存在状态，可以改善城市软实力建设环境；文化政策保障是发展文化的制度保障，决定了城市在文化发展中的竞争优势；文化设施建设为城市文化发展提供了物质保障，展示了一个城市文化水准的高度，关系着市民的文化层次和文化生活品质；文化从业者的质量反映了城市文化产业的总量，创造大量的文化产品之余，还在一定程度上为城市吸引了文化和资金的流入。

文化创新力，是城市文化除旧布新的发展能力，体现在城市制度的创新能力以及城市文化本体的内容创新、表现手段创新上。一方面，城市应打破人才、资源等生产要素的垄断，并可积极改革各种具体制度，调动人的积极性，激发城市活力，释放城市发展潜能。另一方面，通过文化自信激发城市文化领域的创新、创造能力，增强城市文化发展活力，构建全社会资源重视文化本体的格局，不断丰富和拓展着先进的城市文化。文化创新力是一座城市软实力得以长久发展的动力，是文化建设的核心力量。

文化吸引力，是一座城市对外界的影响能力，体现在历史文化、文化资源、文化品牌及旅游业发展状况等方面。城市的历史文化与文化资源作为同属历史遗留系统的不同存在形式，是一座城市文化软实力的基础，有强大的吸引力。历史文化与文化资源映射到地域文化及地域景观上，又促进着城市旅游业的发展，成为衡量一个地区文化优势的标志之一。

文化传播力，是城市文化凝练及对外传播、交流的话语体系建设能力，体现在城市定位、城市知名度、城市宣传等方面。城市定位是城市文化品位在城市功能布局、建筑景观、资源开发等方面的集中呈现，城市知名度是外界对该城市的认可和接受程度，城市宣传是该城市文化的传播能力和传播效率。

当然，城市软实力又不仅局限于文化软实力的投射中，它的外延更大，与城市各产业均有密切关联，城市软实力的构成与文化软实力的构成并不完全相同。从城市软实力的产生来源的视角来看，可将城市软实力解构为物质资源产生的软实力、精神文化产生的软实力、制度文化产生的软实力、行为文化产生的软实力等数个子系统。

物质资源是软实力的发展基础和基本表现形式。虽然软实力是一种非物质无形资源，但不可否认的是，城市软实力的存在是以物质资源为基础的。产生软实力的物质资源门类较多，如独特的自然资源、历史建筑风貌，充裕的文化设施和繁荣的文化市场，优质的文化产品、文化品牌，以及一个城市高度繁荣的经济发展水平和完善的基础设施建设，等等。这些优质的物质资源，对外界产生了强大的吸引力，其他区域的人们就乐意来到这座城市观光、定居、工作、求学、投资，或从事各种形式的文化交流活动。

城市在经济实力的支撑下得以发展，在历史积淀和文化涵养的支撑下得以繁荣，城市精神和城市品格是城市软实力的核心要素。精神文化是城市软实力的血肉，为城市提供着源源不断的无形能量。当一座城市摆脱同质性，而具有自己独特的精神气质，就会在城市竞争中获得青睐。城市文化的独特性，就源于城市历史文化所凝练出的城市精神和核心价值，以及由此构塑的城市品位。

制度文化是通过城市规范与制度体系表现出来的文化形式，包括行政管理体制、人才培养选拔制度、法律制度和当地的礼仪俗规等内容。城市的管理制度完善、法制建设程度高、政府履约水平高、政府服务社会的能力强，就会获得良好的政府声誉和城市影响力，从而产生巨大的城市软实力。与城市软实力有关的制度建设，主要体现在地方政府法制健全、廉洁公平、诚信守约、信息透明、服务高效、知识产权保护完善等诸多方面。

行为文化是人们在日常生产生活中表现出来的特定行为方式和行为结果的积淀，这种行为方式是人们的所作所为的具体表现，由价值取向、行为方式和行为环境三个要素构成。城市的行为文化具体体现为市民行为方式，以及由市民的日常举止所呈现出的城市形象。市民的行为方式可以构塑城市的形象，这是城市建设与发展的重要前提。市民通过其行为方式不断构塑和传播着城市形象，外界因此对该城市产生某种向往，直接转化为该城市的软实力。

总而言之，城市软实力是城市中各个方面的软实力相互联系、相互作用、不断运动发展所组成的一个统一整体，主要内容包括文化号召力、教育发展力、科技创新力、政府执政力、城市凝聚力、社会和谐力、商务吸引力、形象传播力、区域影响力、信息推动力、国际沟通力以及法制健全力等诸多方面。

城市与城市规模

　　城市是非农业人口集中，以从事工商业等非农业生产活动为主的居民点，是一定地域范围内社会、经济、文化活动的中心，是城市内外各部门、各要素有机结合的系统。这是当前社会在对城市的判读上的一般共识，当然，这一定义对城市的理解仍是局限性的，城市概念有更大的研究空间。我们对城市软实力的认知，应以城市类型特质为研究的出发点。

　　从世界城市发展的历史来看，城市可分为集市型城市、功能型城市、综合型城市、城市群数种，它们同时也是城市发展进程的不同阶段。一般而言，城市最初会经过一个集市型阶段，首先成为商品的交换地，城中主要由交易市场、商店和旅馆、饭店等配套服务设施所构成，如市镇。集镇进一步发展，通过自然资源的开发和优势产业的集中，开始发展为商品的生产地，商业也由封闭型的城内交易为主转为开放性的城际交易为主，如工业城市、旅游城市等。一些地理位置优越和产业优势明显的城市，金融、贸易、服务、文化、娱乐等功能得到综合发展，从而使城市的经济能级大大提高，成为区域性、全国性甚至国际性的经济中心和贸易中心，如直辖市、省会城市等。城市再向前发展，经济功能已不再是孤立地在一个城市体现，而是由以一个大城市为核心，同与其保持着密切经济联系的一系列中小城市共同组成的城市群来体现，如中国的珠江三角洲城市群、日本的三大城市圈、美国的波士华城市带、英国的伦敦—利物浦城市带等。当前，产业和人口向优势区域集中，形成以中心城市、城市群为主要形态的增长动力源，进而带动经济总体效率提升，已经成为不以人的意志转移的客观趋势。

从城市影响力来看，城市又可划分为世界城市、国际化城市、国际性城市、区域中心城市、地方中心城市。世界城市也称全球化城市，指能全世界配置资源的城市，一般是城区人口 1000 万以上、城市及腹地生产总值达世界 3% 以上的城市，如纽约、东京、伦敦等。国际化城市也称洲际化城市，指能在国际上许多城市和地区配置资源的城市，一般是城区人口 500 万以上、城市及腹地生产总值达 3000 亿美元以上的城市，如芝加哥、大阪、柏林、首尔等。国际性城市指能在国际上部分城市和地区配置资源的城市，一般是城区人口 500 万以上、城市腹地较小以及人口 2000 万以上新省区的省会城市。区域中心城市指能在周边各城市和地区配置资源的城市，一般是指城区人口 300 万以上、城市腹地人口千万以上的城市。地方中心城市指主要在本城市、本地区配置资源的城市，一般是指城区人口 300 万以下、城市腹地人口千万以下的城市。

我国的城市概念与西方国家惯用的城市概念并不相同，国际上的城市多指城区，而我国的城市则是行政区划概念。《城市规划法》第三条规定："本法所称城市，是指国家按行政建制设立的直辖市、市、镇。"我国城市的法律含义，是指直辖市、建制市和建制镇，城市按行政建制分为直辖市、省辖市（地级市与副省级城市）和县级市。根据《中国统计年鉴 2022》数据，2021 年末全国城市数量共 691 个。从行政区划等级看，分 4 个直辖市、15 个副省级市、278 个地级市、394 个县级市。显而易见的是，这种划分将城区与农业区交织，不能完全反映一个地区的城市化泽、城市经济及文化发展水平，并不适用于城市软实力研究。

城市经济学对城市作了不同能级的分类，如小城市、中等城市、大城市、国际化大都市、世界城市等。城市能级分类的一个标准是人口规模，城市是人口、资源的集合体，一般而言，城市规模越大，能级越大，对人口和资源的集聚力越强。中国是世界第一人口大国，截至 2020 年，我国总人口为 14.1 亿人，约占全球总人口的 18%。近 20 年来，随着提高质量为导向的新型城镇化战略加快实施，我国城镇常住人口持续增加，常住人口的城镇化率明显提高。从 2010 年至 2020 年的十年间，城镇常住人口增加了 2.36 亿人，常住人口城镇化率提高了 14.21 个百分点，比上一个十年的增幅又上升了 0.75 个百分点。

　　中国根据城区常住人口为统计口径将城市分为五类七档[1]：城区常住人口1000万以上城市为超大城市；500万到1000万为特大城市；300万以上500万以下的城市为Ⅰ型大城市；100万以上300万以下的城市为Ⅱ型大城市；50万以上100万以下的城市为中等城市；20万以上50万以下的城市为Ⅰ型小城市；20万以下的城市为Ⅱ型小城市。这里要明确的是，这种分类是以城区人口为基准的，而不是全部常住人口，城镇化率不高或下辖县乡过多的城市，即使人口过千万也未必能是超大特大城市。如山东人口第一大市临沂，是全国17个千万人口大市之一，总人口超过了济南和青岛，但城区人口与全市总人口存在较大悬殊。临沂仅有3个市辖区，其他都是以农业为主的县，城镇化率63.9%，城区人口不到300万，只能被列为Ⅱ型大城市。

　　据国务院第七次全国人口普查领导小组办公室编制的《2020中国人口普查分县资料》显示，全国六百余座城市中，有105个大城市，其中包括7个超大城市、14个特大城市、14个Ⅰ型大城市和70个Ⅱ型大城市。7个超大城市分别是上海、北京、深圳、重庆、广州、成都、天津，14个特大城市分别是武汉、东莞、西安、杭州、佛山、南京、沈阳、青岛、济南、长沙、哈尔滨、郑州、昆明、大连，14个Ⅰ型大城市分别是南宁、石家庄、厦门、太原、苏州、贵阳、合肥、乌鲁木齐、宁波、无锡、福州、长春、南昌、常州。除西藏外，共30个省份有

---

1 《国务院关于调整城市规模划分标准的通知》（国发〔2014〕51号）

大城市分布，数量呈现从东部沿海到西部内陆递减趋势，江苏、山东
和广东的大城市数量位列前三。

全国超大特大城市（数据来源：《2020 中国人口普查分县资料》）

城市规模	城市	城区人口（万人）	常住人口（万人）	城区人口占比
超大城市	上海	1987	2487.1	79.9%
	北京	1775	2189.3	81.1%
	深圳	1744	1756.0	99.3%
	重庆	1634	3205.4	51.0%
	广州	1488	1867.6	79.7%
	成都	1334	2093.8	63.7%
	天津	1093	1386.6	78.8%
特大城市	武汉	995	1232.65	80.7%
	东莞	956	1046.6	91.3%
	西安	928	1295.29	71.6%
	杭州	874	1193.6	73.2%
	佛山	854	949.8	89.9%
	南京	791	931.4	84.9%
	沈阳	707	907	77.9%
	青岛	601	1007.1	59.7%
	济南	588	920.2	63.9%
	长沙	555	1004.7	55.2%
	哈尔滨	550	1000.9	55.0%
	郑州	534	1260	42.4%
	昆明	534	846	63.1%
	大连	521	745	69.9%

　　而根据住房和城乡建设部于 2022 年 10 月公布的《2021 年城市建
设统计年鉴》，全国有超大城市 8 个，分别是上海、北京、深圳、重庆、

广州、成都、天津、武汉；特大城市 11 个，分别是杭州、东莞、西安、郑州、南京、济南、合肥、沈阳、青岛、长沙、哈尔滨；Ⅰ型大城市 13 个，分别是长春、苏州、南宁、昆明、太原、乌鲁木齐、厦门、大连、宁波、石家庄、福州、南昌、兰州；Ⅱ型大城市 74 个，其中城区人口在 200 万人以上的城市有贵阳、无锡、汕头、洛阳、惠州、烟台、温州、临沂、呼和浩特、常州、邯郸、淄博、南通、徐州、唐山、珠海、佛山、海口；中型城市共 119 个；Ⅰ型小城市、Ⅱ型小城市共 467 个。

超大城市中，上海是中国的经济、金融和交通中心，也是全国最大的城市之一；北京是中国的首都，政治、文化和国际交往中心；深圳是国际科技产业创新中心，中国三大全国性金融中心之一；重庆是中国的直辖市，拥有雄厚的工业和旅游资源；广州是中国南方的商业和制造业中心之一，也是广东省的省会；成都是中国西南地区重要的城市，有悠久的历史和丰富的文化，是四川省的省会；天津是中国北方的重要港口城市；武汉是中国中部的重要城市，经济和文化发展较为迅速。特大城市中，杭州有美丽的西湖风景和发达的互联网产业，是浙江省的省会；东莞是广东省的重要制造业城市，中国著名的制造业基地之一；西安，有着丰富的历史和文化遗产，是陕西省的省会；郑州是中国重要的交通枢纽和物流中心，是河南省的省会；南京有深厚的历史积淀，是江苏省的省会；济南素有"泉城"之称，以泉水资源和历史文化而闻名，是山东省的省会；合肥拥有知名的高新技术产业园区，是安徽省的省会；沈阳是中国重要的工业和交通中心，是辽宁省的省会；青岛是山东省的重要港口城市，也是国际知名的旅游胜地；长沙地处湖南中部，是湖南省的省会；哈尔滨是老工业基地和冰雪运动的重要基地，是黑龙江省的省会。这些城市在经济发展、人口流动、城市建设等方面都有着很好的表现，是我国城市治理现代化的重要支撑力量。

截至 2021 年年末，全国城市建成区面积 6.24 万平方公里，城区人口 5.59 亿人。市区面积方面，格尔木市区面积达到 12 万平方公里，是所有城市中最大的。大城市中，重庆市区面积 4.3 万平方公里，市区面积超过 1 万平方公里的有乌鲁木齐、天津、哈尔滨。城区人口方面，广东省的城市城区人口总和超过 5000 万人，山东、江苏、浙江、四川、河南、上海、湖北、辽宁和河北 9 个省（市）城区人口总和均超过 2000 万人。其中，重庆、上海、北京市区人口均超过 2000 万，深圳、天津、成都、广州市区人口均超过 1000 万。

党的十八大以来，我国城镇数量不断增加，大中小城市协调发展。以山东为例，山东是第三经济大省，县域经济发达，城市发展以中小城市为主，人口分布相对更加均衡。按行政建制分，山东共有 16 个地级市和 26 个县级市，城市数量合计达 42 个，位居全国第一。按城市规模体系划分，山东有 10 个大城市、10 个中等城市和 22 个小城市。山东的大城市数量仅次于江苏，位居第二。若以大城市及中等城市总和算，山东的大中城市位居全国第一。山东的 10 个大城市分别是青岛、济南、临沂、泰安、济宁、聊城、潍坊、烟台、枣庄、淄博。其中，青岛和济南这两个副省级城市为特大城市，临沂为 Ⅱ 型大城市。

从经济总量上看，据国家统计局发布的《2022 年国民经济和社会发展统计公报》数据显示，2022 年中国生产总值 121.02 万亿元。其中，GDP 百强城市经济总量达到 85.1 万亿元，占全国比重 70.3%。全国有 24 座城市生产总值突破 1 万亿元，占全国经济总量的 37.99%，具体包括上海、北京、重庆、天津 4 座直辖市，广东的深圳、广州、佛山、东莞，江苏的苏州、南京、无锡、南通，浙江的杭州、宁波，福建的福州、泉州，山东的青岛、济南，以及成都、武汉、长沙、郑州、合肥、西安。2022 年 GDP 排名前十的城市分别是上海（44652.8 亿元）、北京（41610.9 亿元）、深圳（32387.68 亿元）、重庆（29129.03 亿元）、广州（28839 亿元）、苏州（23958.3 亿元）、成都（20817.5 亿元）、武汉（18866.43 亿元）、杭州（18753 亿元）和南京（16907.85 亿元）。

从世界视角看，超大特大城市同时也是最具活力、软实力发展较好的城市。像北京、上海这样的国际性大都市，在城市软实力发展上有很多可以借鉴的地方。

美国《外交政策》杂志 2012 年 9 月、10 月合刊发布了一份名为"全球 75 个最具活力的城市"榜单。这份榜单由美国麦肯锡全球研究院的城市图景数据库提供，是在统计、分析了超过 2650 个城市的人口数量以及当地人均 GDP 增长率等多项数据后得出的。中国一共有 29 个城市入围，占全球入围城市的 40%。排名前 20 位的城市中，中国城市占了 13 个，上海、北京、天津分列前三名。

2022 年，日本东京大学经济学术论坛发布《亚洲百强城市研究报告》，榜单从居住环境、城市治理、国际影响力、GDP 等方面进行综合考量。亚洲百强城市中，东京、新加坡、上海、香港、首尔、北京、吉隆坡、深圳、大阪、广州成为亚洲十大城市。中国作为亚洲第一大经济体，共计有 56 座城市入围亚洲百大城市。上海、香港、北京、深圳和广州位列榜单前十强，中国大部分省会城市都入围本次榜单，济南市位居 51 位。

2023 年，中国城市规划设计研究院发布了《2022 年"一带一路"倡议下的全球城市报告》。该报告结合产业方向变革、科技竞争加剧趋势，从创新、生产和服务、设施联通三个细分维度和综合性上，对全球 516 个城市的价值活力和复苏表现作出评估。该报告称，2022 年"全球活力城市"前十名依次是东京、上海、北京、新加坡、伦敦、纽约、深圳、首尔、旧金山和香港。

需要特别指出的是，不同区域、不同级别、不同经济总量的城市，其软实力构成及提升策略是不同的。同样的事件、同样的资源，放在不同区域、不同级别、不同经济总量的城市中，其存在价值及所发挥的作用有明显差异。城市是一个复杂的系统，是由多种资源构成的综合体，而软实力又是构筑在各类资源之上的不同方面力量的总和，受生态、经济、社会等多方面影响。城市软实力研究应从城市规模出发，优先关注大城市的软实力研究和提升。城市规模越大，在人口、经济、资源等要素的聚集程度越高，发展软实力的效果越好，对软实力的需求越迫切。尤其是超大特大城市，在全国范围内具有重要战略地位，具有引领和带动作用，在发展城市软实力方面更应与国家策略相适应，研究的意义和作用更强。

中国城市的实力

美国《外交政策》杂志等机构进行的"2008 全球化城市指数"调查中，曾对全球 60 个国际大都市进行了排名，北京、上海、广州和深圳等国内城市在商业活动方面表现出众，但在人力资本、信息交流和文化体验等软实力指标上落后明显，与国际知名大都市的软实力存在很大差距。

城市文化软实力成为综合国力的重要组成部分之后，对城市软实力的调查，也成为国家软实力建设的有力支撑，国内开始出现对城市软实力的评估排名。

2009 年，复旦大学国际公共关系研究中心、中国市长协会《中国城市发展报告》工作委员会、新华社《瞭望东方周刊》杂志社联合组成了中国城市软实力调查研究课题组，进行了一次"中国大陆最具软实力城市"调查评选活动。该调查评选历时半年，根据复旦大学国际公共关系研究中心提供的测评体系，调查涵盖了城市的社会和谐力、文化号召力、科技创新力、政府执政力、形象传播力、教育发展力等

10个大类、31个小类、110个指标。调查活动在50个城市同时进行，采取专业公司入户调查、材料申报、网络调查等三种方式进行，入户调查的对象超过10万人，参加网络调查的人数达到120万人。根据调查评选结果，共有14个城市入选"中国大陆最具软实力城市"，直辖市有北京、上海、天津、重庆，非直辖市城市有成都、杭州、苏州、西安、长沙、青岛、昆明、大连、武汉、南京。

文化号召力排名前十的城市依次是：北京、上海、杭州、苏州、成都、西安、南京、长沙、天津、绍兴。该指标体系对文化号召力的定义，是凝聚了一个城市的传统、风俗、人文、艺术等各种文化成分，这种主题文化能够被更多人所接受和青睐。体现为一个城市文化底蕴的积淀和丰厚，能够激荡起市民的文化自豪感；体现为一个城市包容、吸纳多元文化的广度与深度，能够促进该城市多元文化的构成；体现为一个城市文化基础设施的完备与完善，能够提供文化事业大发展的足够空间；也体现为一个城市文化产业的数量与品质，能够显现初步完善的文化产业体系。

城市凝聚力排名前十的城市依次是：苏州、长沙、昆明、北京、成都、西安、海口、上海、泉州、杭州，各个城市之间的分值差别并不是特别显著。该指标体系对城市凝聚力的定义，是一个城市的居民把对城市的认同和对自身的认同连接在一起，城市的发展、进步和外界口碑被城市市民内化为自我认同的一部分。体现为一个城市的市民对所在城市的认同程度和热爱程度，也体现为一个城市对外部民众的深深吸引和令人神往的程度。城市凝聚力最终要体现为全体市民对该城市强烈的归属感。

形象传播力排名前十的城市依次是：北京、上海、青岛、苏州、大连、杭州、成都、天津、厦门、长沙，其中以北京的优势比较明显，主要因为北京是众多国家级媒体所在地。该指标体系对形象传播力的定义，是一个城市通过媒体、人际沟通、宣传公关等各种传播渠道来影响和改变人们对一个城市印象的能力。体现为一个城市对其整体形象体系的构造能力，以及一个城市对其形象的传播和推介的水平和力度。形象传播力最终体现为一个城市的知名度和美誉度能否得到双重体现。

政府执政力排名前十的城市依次是：昆明、成都、上海、杭州、北京、大连、青岛、厦门、西安、南京，城市之间的分值差距不是非常明显。该指标体系对政府执政能力的定义，是政府在一个城市的经济发展、文明建设等诸方面体现出的综合管理、协调、领导能力。体现为一个城市的政府民主执政、科学执政、依法执政的水平和水准，体现为一个政府执政的效率高低与廉洁程度，也体现出政府对负面因素和危机事件的处理和预防能力。政府执政力最终要体现为广大市民对所在城市的政府执政为民、高效廉洁的满意程度。

社会和谐力排名前十的城市依次是：青岛、成都、北京、大连、杭州、昆明、海口、南京、西安、上海，中小型城市在这一指标中体现出一定优势。该指标体系对社会和谐力的定义，是一个城市人与人之间、人与社会之间、人与自然之间的总体和谐，各种社会利益冲突得到协调的程度。体现为城市与人的和谐包括城市市民的安全感和幸福感，体现为人与人的和谐包括市民的宽厚包容和亲情爱心，体现为人与自然的和谐包括山更青、水更绿、天更蓝。

教育发展力排名前十的城市依次是：北京、上海、西安、南京、长沙、成都、杭州、长春、大连、武汉。该指标体系对教育发展力的定义，是一个城市教育结构的设施、人员素质、人才培养等综合能力的体现。体现为一个城市已基本构建起多层次的完备教育体系，能够培养大量的富有创造力的人才。教育发展力还体现为一个城市极为关注并努力培养市民的现代文明素养。

商务吸引力排名前十的城市依次是：成都、上海、北京、青岛、杭州、西安、武汉、大连、天津、长沙，大型城市在此指标上具有一定优势。该指标体系对商务吸引力的定义，是一个城市在投资、消费、贸易等方面的吸纳能力，是一个城市经济活力的体现，也是外界对一个城市经济发展环境的评价体现。体现为一个城市具有较为成熟的法治环境、务实诚信的商业体系、便捷的交通网络、完善的现代商务服务体系等。

科技创新力排名前十的城市依次是：上海、北京、苏州、天津、成都、南京、杭州、大连、重庆、青岛，各城市之间分值差距不是很大。

该指标体系对科技创新力的定义，是一个城市在各种科技产品的开发、研发、使用等方面体现出的革新与创造能力。体现为一个城市全面厚实的科技创新基础，体现为一个城市浓郁的科技创新氛围、不断涌现的科技创新人才、不断产出的一流科技创新成果。

区域影响力排名前十的城市依次是：上海、北京、青岛、西安、天津、成都、苏州、长沙、杭州、武汉，这些城市代表了不同的区域，苏州、杭州、上海这几个地理位置相近城市均被列入则表明可形成区域合力。该指标体系对区域影响力的定义，是一个城市对其地理上相近城市和相近地区的影响和辐射能力，它是一个城市在一个城市圈和区域圈中所处地位的体现。体现为一个城市在相关区域中的首位程度，在相关区域中的协调能力，以及对相关区域的影响和辐射能力。

信息推动力排名前十的城市依次是：上海、北京、苏州、成都、东莞、重庆、杭州、天津、长沙、昆明。该指标体系对信息推动力的定义，是一个城市在信息基础建设和信息产业发展方面的动力。体现为一个城市信息发展现代化的程度，体现为一个城市信息技术的普及程度，体现为一个城市市民和领导对信息技术的重视程度和使用效度。

该调查是中国首次进行的大规模城市软实力调查，通过软实力资源要素的调研分析，厘清了城市软实力的发展脉络和方向，有非常积极的意义。但只从软实力一个层面去比较，就无法把握各城市的经济总量的支撑作用及各种变量的相互关系，无法对各城市软实力的发展势能和前景进行评估。结合经济、人口等多种因素来评价城市综合实力，更科学和实用。

从中国视角看，软实力发展较好或有发展潜能的城市，同时也是硬实力强劲的城市。城市强大的经济实力本身就是一种吸引力，并成为软实力的呈现载体和发展支撑。国内有许多机构发布过城市综合实力排行，因为指标体系、编制目的不同，所以排名差异较大。但可以使我们从不同侧面了解各大城市的区位价值和实力差距，对深入开展城市软实力研究有所裨益。

这里引用一下华顿经济研究院发布的 2023 年中国百强城市（不含港、澳、台）排行榜的数据。该指标体系的原始数据来源于《中国城市统计年鉴》及相关省市统计年鉴和统计公报，以上年度生产总值排名前 110 位的地级及以上城市作为年度入围城市，按照其经济指标（权重 0.618）和非经济（软经济）指标（权重 0.382）综合得分进行排序，取前 100 位作为年度百强城市。与单一维度的经济指标相比，这一指标体系覆盖一个地区的政治、经济、社会、文化、生态的建设和科技发展水平，更为科学。

经济指标由 GDP、储蓄和财政构成。百强城市共实现地区生产总值 84.87 万亿元（占国内生产总值的 70.16%），一般公共预算收入 7.32 万亿元（占地方一般公共预算收入的 67.30%），年末金融机构存款余额 196.01 万亿元（占全国金融机构存款余额的 74.13%），百强城市常住人口 7.69 亿人（占全国人口的 54.43%）。

非经济（软经济）指标由环境、科教、文化和卫生四部分构成。百强城市共有普通高等学校 2025 所（占全国总数的 67.23%），专任教师 147 万名（占全国总数的 52.80%），医院 19110 所（占全国总数的 52.23%），执业（助理）医师 253 万名（占全国总数的 59.14%），医院床位 411 万张（占全国总数的 55.47%），博物馆 3593 个（占全国总数的 64.48%），百强城市共完成全社会研发经费投入 24276.98 亿元（占全国总数的 86.64%），专利授予数 377.69 万件（占全国总数的 84.55%），95 个城市生活垃圾无害化处理率达到 100%，63 个城市年均 PM2.5 浓度低于 35 微克 / 立方米。

2023 年中国百强城市排名中，位居前 20 位的分别是北京、上海、深圳、广州、杭州、南京、苏州、武汉、成都、天津、重庆、宁波、无锡、济南、青岛、长沙、合肥、郑州、福州、西安。

从地区分布来看，百强城市名单中，共有 5 个省份的上榜率过半，分别是江苏（100%）、福建（89%）、山东（75%）、浙江（73%）以及河北（55%）。江苏省的 13 个城市全部上榜，数量位居全国第一。其后是山东省，有 12 个城市上榜，济南位列第 14 位，青岛第 15 位，烟台第 28 位，潍坊第 44 位，东营第 52 位，淄博第 55 位，威海第 58 位，济宁第 63 位，临沂第 75 位，泰安第 90 位，德州第 94 位，菏泽第 100 位。随后是福建、浙江、广东，上榜城市同为 8 个。

2023 中国百强城市排行榜

排名	城市	综合分值
1	北京市	92.46
2	上海市	89.47
3	深圳市	78.95
4	广州市	74.99
5	杭州市	74.15
6	南京市	72.80
7	苏州市	70.71
8	武汉市	67.26
9	成都市	65.60
10	天津市	64.77
11	重庆市	64.52
12	宁波市	63.47
13	无锡市	62.97
14	济南市	60.85
15	青岛市	60.49
16	长沙市	59.21
17	合肥市	57.84
18	郑州市	57.25
19	福州市	57.02
20	西安市	56.13
21	常州市	53.73
22	佛山市	53.38
23	东莞市	52.67
24	厦门市	52.52
25	大连市	52.30
26	南通市	52.10
27	鄂尔多斯市	51.94

续表

排名	城市	综合分值
28	烟台市	50.19
29	绍兴市	50.18
30	沈阳市	50.12
31	嘉兴市	47.91
32	泉州市	47.44
33	太原市	46.94
34	南昌市	46.74
35	唐山市	46.71
36	昆明市	46.25
37	珠海市	46.12
38	榆林市	46.00
39	温州市	45.73
40	长春市	45.06
41	扬州市	43.81
42	泰州市	43.54
43	台州市	43.05
44	潍坊市	42.86
45	镇江市	41.78
46	石家庄市	41.53
47	盐城市	41.30
48	贵阳市	41.06
49	湖州市	41.04
50	金华市	40.55
51	徐州市	40.51
52	东营市	39.58
53	芜湖市	39.23
54	宜昌市	38.66

续表

排名	城市	综合分值
55	淄博市	38.47
56	哈尔滨市	37.58
57	乌鲁木齐市	37.52
58	威海市	37.02
59	洛阳市	36.79
60	惠州市	35.79
61	呼和浩特市	35.43
62	兰州市	34.54
63	济宁市	34.12
64	南宁市	33.91
65	漳州市	33.64
66	九江市	33.56
67	淮安市	33.44
68	包头市	32.89
69	龙岩市	32.71
70	襄阳市	32.65
71	廊坊市	31.30
72	中山市	31.21
73	江门市	30.86
74	宿迁市	30.75
75	临沂市	30.22
76	沧州市	29.83
77	连云港市	29.78
78	株洲市	29.77
79	滁州市	29.55
80	岳阳市	29.47
81	保定市	29.10
82	宁德市	29.10

续表

排名	城市	综合分值
83	赣州市	28.75
84	绵阳市	28.70
85	邯郸市	27.58
86	宜春市	27.46
87	三明市	27.10
88	柳州市	26.83
89	常德市	26.82
90	泰安市	26.72
91	遵义市	26.44
92	衡阳市	26.30
93	许昌市	26.21
94	德州市	26.06
95	宜宾市	25.36
96	南阳市	24.61
97	莆田市	24.16
98	新乡市	24.02
99	上饶市	23.58
100	菏泽市	23.23

列入百强城市排行榜的23个省会城市中，济南排在广州、杭州、南京、武汉、成都之后。在这个指标体系排名中，济南的软经济指标排名位列全国城市第10名，文化分值和科教分值分别为73.11分和70.95分，说明济南在环境、科教、文化和卫生等非经济领域的发展实力不容小觑。

策/略

城市发展与
软实力提升

CELÜE
CHENGSHI
FAZHAN
YU
RUANSHILI
TISHENG

战略与导向

城市作为地域经济、技术、政治、生产、人口、信息、交通、文化等集聚点，对其周围地域具有一定的吸引力，城市在运行过程中也不断对周围地域产生辐射力。这种吸引力、辐射力放大的过程就是城市发展过程，所使用的重要方式之一是提升软实力。

城市的发展方向和软实力的提升路径由城市发展战略所决定。制定和调整城市发展战略，既要充分考虑城市的现实需要，更要兼顾未来的可持续发展的需要，是在国家发展战略指导下所形成的。中国共产党经过长期探索，形成了普遍规律与特殊规律、世情与国情辩证统一的现代化理论。党的十七大报告明确把提高国家文化软实力纳入到推动社会主义文化大发展大繁荣的整体战略中，城市软实力和区域软实力就是在这种背景下提出的。党的十八大以来，党中央提出经济建设、政治建设、文化建设、社会建设和生态文明建设"五位一体"的总体布局和全面建设社会主义现代化国家、全面深化改革、全面依法治国、全面从严治党的战略布局，把硬实力和软实力发展统一于中国式现代化建设之中。党的十九大做出战略安排，到 2035 年基本实现社会主义现代化，到本世纪中叶把我国建成富强、民主、文明、和谐、美丽的社会主义现代化强国。党的二十大报告进一步指出，高质量发展是全面建设社会主义现代化国家的首要任务。

中国已进入新发展阶段，经济社会发展的重心逐步从重视经济规模的高增速转到提高效率和质量上来，实现高质量发展成为新的发展主题。习近平总书记指出："所谓高质量发展，就是能够很好满足人民日益增长的美好生活需要的发展，是体现新发展理念的发展，是创新成为第一动力、协调成为内生特点、绿色成为普遍形态、开放成为必由之路、共享成为根本目的的发展。"对于城市发展和软实力建设来说，高质量发展是战略性的引导和最终目的，也是一切城市研究的出发点和落脚点。

提升城市软实力，是出于城市补短板的现实需要和城市全面发展的自觉。我国城市人口众多，根据第七次人口普查结果，2020 年我国城镇人口已超过 9 亿，占人口总数的 63.89%，常住人口超千万的超大城市共计 7 座。近年来，我国城镇化建设取得举世瞩目的成就，在人口规模、经济总量、基础设施方面可与国际先进城市齐头并进，但在城市品牌、城市吸引力、城市影响力等方面还有很大差距，随着高质量发展的进一步推进，这一差距却在快速增大。加大对城市软实力的建设，弥补软环境和软要素的短板，使城市保持长期增长的动力和强大的竞争力，是与全面建设社会主义现代化国家的目标相匹配的。

城市软实力的建设，不只局限于文化产业的提升，并不是一场城市的自我营销，更不是空中楼阁，而是立足于城市诸多产业建设，是一项多维度、系统性的长期工作。城市提升软实力要向中华民族伟大复兴维度深化，在紧跟国家发展战略的大前提下，把握城市自身特点和发展方向，进一步明确城市软实力发展目标。

软实力对国家经济发展具有重要的战略意义，当软实力成为国家战略后，与之相关的国家发展战略在城市区域的投射就是城市发展软实力的方向，城市软实力发展要代入到国家发展大局中。《中华人民共和国国民经济和社会发展第十四个五年规划和 2035 年远景目标纲要》是当前全国各族人民共同的行动纲领，阐明了国家战略意图，也是当前城市制定软实力发展目标的出发点。"十四五"规划纲要提出，"十四五"时期推动高质量发展，必须立足新发展阶段、贯彻新发展理念、构建新发展格局。这是贯穿"十四五"规划纲要始终的核心要义，也是各城市建设软实力所要遵循的战略导向。

"十四五"时期经济社会发展指导思想突出强调了推动高质量发展新的要求，这也是城市制定软实力提升战略所应坚持的，主要体现在：坚定不移贯彻新发展理念，使之贯穿发展全过程和各领域；坚持以高质量发展为主题，在质的大幅提升中实现量的有效增长，并把高质量发展的要求贯穿经济、社会、文化、生态等各领域；坚持以深化供给侧结构性改革为主线，持续深化供给侧结构性改革，不断提升供给体系对国内需求的适配性；坚持以改革创新为根本动力，破除深层次体制机制障碍，深入实施创新驱动发展战略，持续推动高质量发展；以满足人民日益增长的美好生活需要为根本目的，坚持以人民为中心的发展思想，着力解决发展不平衡不充分问题，以高质量发展不断满足人民更高的美好生活需要；加快构建以国内大循环为主体、国内国际双循环相互促进的新发展格局。

《规划》的第十篇《发展社会主义先进文化　提升国家文化软实力》是国家层面提升文化软实力的专篇，也是各城市软实力建设中首先要予以充分落实的内容。在提高社会文明程度方面，要求加强社会主义精神文明建设，培育和践行社会主义核心价值观，推动形成适应新时代要求的思想观念、精神面貌、文明风尚、行为规范，具体包括推动理想信念教育常态化制度化、发展中国特色哲学社会科学、传承弘扬中华优秀传统文化、持续提升公民文明素养等。在提升公共文化服务水平方面，要加强公共文化服务体系建设和体制机制创新，强化中华文化传播推广和文明交流互鉴，更好保障人民文化权益，具体包括加强优秀文化作品创作生产传播、完善公共文化服务体系、提升中华文化影响力。在健全现代文化产业体系方面，坚持把社会效益放在首位、社会效益和经济效益相统一，健全现代文化产业体系和市场体系，具体包括扩大优质文化产品供给、推动文化和旅游融合发展、深化文化体制改革。在落实以上发展内容的基础上，再结合城市自身特点，扩充其他方面的软实力发展内容。

制定城市软实力提升战略的比较优秀的实践例证，是上海编制的《上海市社会主义国际文化大都市建设"十四五"规划》。该规划立足国家战略全局和上海发展大局，提出"到 2025 年，城市文化创造力、传播力、影响力持续提升，市民文化参与感、获得感、幸福感不断增强，传承优秀传统文化、吸收世界文化精华、彰显都市文化精彩、发展社会主义先进文化的城市文化特质更加凸显，加快建设成为更加开放包容、更富创新活力、更显人文关怀、更具时代魅力、更有世界影响力的社会主义国际文化大都市"的总体目标。围绕总体目标，又从文化品牌标识度、城市精神品格、文化生活、文化竞争力、文化交流中心地位等 5 个方面提出细化分项目标。可以说，这一规划等同于上海建设软实力的五年总纲领。

对于规模较大的城市来说，提升软实力的第一步是要落实国家发展策略，明确未来 5 至 10 年的城市发展定位，紧紧围绕提高城市文明和城市核心竞争力，进行城市软实力发展定位。在拟定的城市发展目标中，至少要满足这样几项提升软实力的基本需求：培育城市核心精神、提高社会文明程度、树立城市品牌、提升城市文化品质、提高公共文化服务能力、满足市民文化需求。与之同等重要的是，要推动文化与经济的交互发展，把无形的文化力量转变成现实的城市竞争力。

在提升城市软实力的过程中，要把文化建设与城市空间布局、产业经济发展紧密结合，进一步整合文化资源，不断提高产业经济的文化含量，提升文化产品附加值；积极发展文化产业，壮大城市软实力的基础，进一步优化城市经济结构；积极推进旅游业、娱乐产业、新闻出版业以及时尚设计、创意设计、休闲产业的发展；进一步推动文化领域的数字化建设，以5G、大数据、云计算、物联网、区块链、人工智能等新技术作为引擎，促进新科技手段在传统文化各行业的应用，提升文化发展活力，培育新型文化业态，推动城市软实力以高质量发展。

软实力建设是一项系统工程，涉及领域广，既需要在战略上进行规划，又需要从细微处进行计议。但文化软实力研究在国内兴起时间不长，城市软实力发展的研究和探索尚处于起步阶段，成果主要集中在战略层次的研究。国内理论界偏重于城市软实力评价体系的构建，对于路径的选择和措施的选择多是宏观上的论述，理论与实践的结合较为牵强，在实际工作中缺乏操作性。尽管目前很多城市都在积极布局和推进软实力建设，但关于城市软实力的基础理论研究还相当薄弱。所以，在基础理论之外，立足于实践，积极顺应国家发展战略，不断强化城市自身发展内核，对城市提升软实力显得尤为重要。

路径与策略

不同城市的自然地理状况、经济总量、发展定位、人口规模存在明显差异，各自的软实力建设的路径就不相同。但就大型城市而言，城市建设软实力的路径其实就是城市综合发展的路径，基本围绕人民、文化、国际化三个方面展开。

1. 人民城市

从根本上说，城市是由人构成，为人服务的，城市的核心是人。我国城镇化进入以提升质量为主的转型发展新阶段，城市发展面临的挑战与机遇并存，亟须转变城市发展方式。因此，城市软实力建设要以人民群众的诉求和利益为先，坚持以人为本，建设人民城市，让每个市民对城市有高度的责任感、认同感和归属感，凝聚人民群众力量，实现美好生活缔造、宜居空间塑造与城市善治创造的城市发展目标。

20 世纪 50 年代，美国城市规划师亨利·丘吉尔在《城市即人民》的著作中提出"城市属于它的人民"的基本思想。20 世纪 60 年代，简·雅各布斯强烈抨击功能主义主导的城市，并从公共安全、社会哺育和社会交往等方面，强化城市的人本主义价值观。1993年，吴良镛提出"人居环境学"，强调了以人为核心的人居环境构建基本思想。"以人为本"理念是现代城市建设的核心理念，是人本主义思想在城市领域的价值导向，但这还只是关照到个体意义上的"人"。

每个社会形态都有其对应的社会空间，城市空间上的社会关系形塑了城市空间，城市空间又不断生产出新的社会关系，人类社会在社会与空间的历史辩证性互动中不断前进。在人本主义基础上继续拓展，引入社会关系，就是社会意义上的"人"，或称之为"人民"。城市空间拓展与治理，既需要解决城市空间发展问题，又需要回应人民对美好生活需求，塑造高品质物质空间，构建城市社会的良好秩序。关注和考察城市社会的主体，统筹个人利益与集体利益，进而形成社会生活与城市治理共同体，成为城市发展软实力的重要路径之一。

2015年12月，习近平总书记在中央城市工作会议上强调，"做好城市工作，要顺应城市工作新形势、改革发展新要求、人民群众新期待，坚持以人民为中心的发展思想，坚持人民城市为人民。"会议明确提出"人民城市"理念，要求走中国特色城市发展道路，这是"以人民为中心的发展思想"在城市工作中的具体体现。2022年党的二十大报告重申了这一理念和要求，提出，"坚持人民城市人民建、人民城市为人民，提高城市规划、建设、治理水平，加快转变超大特大城市发展方式，实施城市更新行动，加强城市基础设施建设，打造宜居、韧性、智慧城市",这为新时期推进以人为核心的新型城镇化指明了方向。

"人民城市"理念遵循中国式现代化的发展要求,是对"以人民为中心的发展思想"的践行。

树立人民城市理念,要将"人民至上"作为城市发展使命。"人民至上"是涉及城市发展与空间生产、使用、治理等活动中的人民立场,这是城市发展中应坚守的价值观之一。"城市是人集中生活的地方,城市建设必须把让人民宜居安居放在首位,把最好的资源留给人民。"[1]要将生态资源留给人民,实现绿色增长型城市发展。要将住房财富留给人民,建设共享型宜居城市。要将城市安全留给人民,打造稳定有序的安居城市。尊重人性与强化人民性,响应市民的美好生活需求,是城市发展的出发点和落脚点。

树立人民城市理念,要满足人民中心的社会公共需求。城市社会公共需求是城市共享生活的基本要求,应尽可能实现城市对人民美好生活需求的响应,梳理并合理地回应城市各类主体的多样需求,合理处置这些需求的公共导向、遵循的基本规则。在这一过程中,既要确保实现追求公共利益最大化和公共资源配置效用最大化,又要强化每一个城市居民的基本权益保障,以及在此基础之上的相关保护机制。

树立人民城市理念,要实现人民共创的城市价值生产。城市居民

1　2020 年 11 月 12 日习近平在浦东开发开放 30 周年庆祝大会上的讲话

既是需求主体，也是生产与治理主体。公众在公共服务各个环节中与服务提供者、管理者形成密切互动的一种参与形态，通过合作式、互动式公共治理模式，实现政府、市场和社会部门之间的整合与协调，最终形成人民共创的城市价值生产模式。要全面考察人参与城市空间生产与治理的作用与方式，考量城市与空间资源配置的公平性，保障城市权益与空间权益共同发展。

对于大城市而言，一方面，要加快基础设施和公共服务建设速度，城市公共服务要能满足市民的多样化需求。要在城市总体规划等顶层设计中关注人口数量、结构的变动趋势，建立精准的人口跟踪、管理机制和预测模型，实施能够预判人口结构以提前制定公共服务设施的供给政策，解决制约城市发展的养老、教育、医疗、体育等公共服务的数量和结构性短缺问题。同时应加强针对弱势群体和城中村、老旧小区、城乡接合部等特殊空间的服务和设施供给，创建全民友好型城市，推动公共服务均等化、公平化。另一方面，要努力打造全球数字城市，全方位推动治理数字化转型，运用大数据、人工智能、物联网等新技术提升公共服务质量，让新技术落实于民生，提升公共服务供给的质量和效率，为全体市民提供公平、安全的数字公共服务，共享城市的数字发展红利。

近年来，随着人民城市理念的提出与认识深化，各大城市在实践层面也进行了有益的探索。如北京持续健全责任规划师制度建设，上海提出"五个人人"的努力方向，成都以城乡社区发展治理为突破口。各大城市通过践行人民城市理念，持续探索人民城市建设与治理的内涵、模式与具体做法，塑造更加文明美好和公平正义的城市生活，实现城市软实力的跃迁。

总而言之，打造人民城市既是加快新型城镇化建设的战略要求，也是打造城市软实力的实际需要。

2. 文化城市

文化是人类创造的适应环境和改造环境的观念与工具，蕴含其中的人文精神是文化的内核。它一旦形成，就有了持久、稳定、连续的特性，影响和规范着人类社会发展。文化是城市软实力的灵魂要素，也是一个城市区别于其他城市的核心特质之一。用文化连接世界，已成为众多新兴世界城市的价值追求和战略选择。由"功能城市"向"文化城市"的转变，是当前城市发展的主流趋势和先进理念，也是城市发展到一定历史阶段的必然选择。

我们在这里给出的"文化城市"概念，包含两个层次的含义，即城市对"人文"与"文明"的构建。如果说人民城市以"人"为核心，那文化城市是以"人文"为核心，具体包括了文化遗存、文化产业、市民整体素质和城市文明程度。传统认知中，文化城市一般理解为是以宗教、艺术、科学、教育、文物古迹等文化机制为主要职能的城市。但在当今中国，文化城市还应包括先进的价值观及其规范，是已经存在的物质文化和精神文化的总和。《国家新型城镇化规划（2014—2020年）》首次提出"注重人文城市建设"和"把城市建设成为历史底蕴深厚、时代特色鲜明的人文魅力空间"。《国家新型城镇化规划（2021—2035年）》把建设人文城市作为城市更新的目标之一，提出把城市建设成为有历史记忆、文化脉络、地域风貌、民族特点的人文魅力空间。提升城市软实力，成为我国新型城镇化的战略布局和制度安排。

文化城市以"文化"为其基本组织核心，文化的多样性、多层次性决定了文化城市发展战略的多维度性。在软实力建设中，城市文化与城市文明的关系是相互促进的，城市文化是城市文明的有效载体，城市文明的程度又取决于城市文化的发展，高度的城市文明反过来又促进城市文化的发展。一方面，要加强文化产业发展和文化遗存开发，将文化资源与文化机制纳入城市增长机制之中，注重科研、教育、公共文化服务、文化产业、文化创意等行业发展，使城市的文化发展和经济发展齐头并进，实现城市经济的可持续增长。另一方面，要加强精神文明建设，以建设"文明城市"为目标，依靠制度创新、政策创新、激励引导等措施，全面挖掘、释放当地独特的文化优势，营造开放、包容、创新的文化氛围，为城市繁荣发展提供持续的精神动力。

英国城市学家彼得·霍尔在《文明中的城市》一书中提出了"城市黄金时代"的概念，即在特定的时期，城市可以凸显独特的创造力，成为人类文明建设的灯塔。他从人类文明史角度分析了西方 21 个城市的发展源流、文化与城市特点，认为城市具有四个方面的独特表现：城市发展与文化艺术的创造，技术的进步，文化与技术的结合，针对现实存在的问题寻找答案。这些所谓处于"城市黄金时代"的窗口城市，都曾是世界地图上令人瞩目的文化地标。它们有自己的文脉、自己的文化根基，但同时又是国际化文化城市，既可以吸收世界上各种各样的优秀文化，又能够让自己的文化精华为世界所接受、所喜爱。但无论是历史悠久的大城市、复兴中的老城市还是正在崛起的新兴城市，它们都将面临一个共同的主题，那就是城市为了生存、竞争和兴盛而努力建构城市主题文化的过程中如何完成自我更新，以及如何避免日渐丧失可识别性。

今天的中国，各城市都处在大规模建设的高潮中，部分大城市正在塑造属于它们的黄金时代，应把城市文化发展放在历史高度去看。城市发展除在经济方面努力外，更要注重文化上的行动，把发展重点引导到塑造城市文化形象和提高公众文化生活水平上来，为城市发展注入时代内容。在文化城市的崛起中，城市建设决策者要根据各城市的特点和文化特色，针对城市发展中的特有问题创造性地加以解决。

如今，城市文化定位研究已在城市政治、经济研究之后成为越来越多的城市所关注的课题。如深圳确定实施"文化立市"战略，将"文化"作为城市发展的重要战略支撑；武汉提出城市环境创新要面向世界，张扬城市个性，突出文化底蕴，营造新的城市亮点，建成"文化武汉"。以城市文化指导城市的定位与规划，确保城市的个性和魅力，突出城市综合竞争力中的文化竞争力，正成为越来越多城市建设决策者的选择。

3. 国际化城市

成为国际化城市，是国内许多大城市的发展目标之一，也是城市硬实力对城市软实力支撑作用的集中体现之一。

国际化城市是指蕴含国际化因素并具有国际影响力的城市，是一座城市在世界城市体系中的位势能级，按国际化程度的不同一般分为两个层次。第一个层次是"国际性城市"，指那些具有某些国际性功能的地区性国际化城市，如芝加哥、悉尼、新加坡、首尔、莫斯科、法兰克福。国际性城市继续向前发展，成为具有超群的政治、经济、科技实力，并且和全世界或大多数国家发生经济、政治、科技和文化交流关系，有着全球性影响的国际一流都市，就被称为"全球城市"或"国际大都市"，公认的国际大都市有北京、上海、纽约、伦敦、巴黎、东京等。

国际性城市的形成过程，就是城市的国际化，这一过程既是国际合作的过程，也是国际竞争的过程。城市国际化战略，要着眼于制造业中心、商贸中心、金融中心、交通中心、通信中心、信息中心和管理中心等诸多城市中心功能的综合，从而表现出全局联结性的特征。

同时，要表现出国际指向性特征，注重城市在国内外经济中的结合点，与国内市场与世界大市场高度关联，成为连接国内外经济的桥梁和枢纽，突显其集散牵头功能。此外，开放、创新、绿色发展也是城市国际化战略的必然要求。

国际化城市的金融、保险、商贸、会计、广告、法律、信息等行业发达，交通、运输、通信、网络咨询等设施齐全。金融方面，行业按金融国际惯例和基本程序实施公平竞争，达到金融机构和业务中心集聚并向外发展、开拓和延伸，并使保险、证券等金融行业同步发展，形成金融大系统的良性循环。贸易方面，多边复式贸易日益增加，信息、专利、技术、商标等无形贸易比重日趋提高。生产方面，参与国际产业分工和合作，并使其产品市场向多元化、全天候、国际化方向发展。信息方面，综合信息资源独立成网并与国际计算机网络并网运作，实现信息资源的存储、转换、加工、反馈的现代化和迅捷化。科技方面，科技成果完全商品化，知识产权得到法律保障和社会尊重，实现科学技术的国际水平分工和合作开发，实现共同科技进步。行政方面，国际化城市建立有与国际交往相匹配的行政构架及管理体制，可以保障物资流、资金流、技术流、信息流的顺畅。国际交流方面，国际性城市的社会对众多的国家和地区开放，国际交往人员往来频繁，并经常召开具有国际影响的商交会、博览会、招商会、体育赛事、电影节、音乐节等。

国际化城市的诸多特点投射到软实力上，就表现为人文生态建设、公共文化设施、公共文化供给、公共文化参与、文化市场、文化经济发展、文化教育、互联网发展、文化旅游、文化全球影响诸多方面。一方面，城市的国际化过程，极大促成了城市软实力的发展，为软实力提供了有力的物质支撑。另一方面，各城市发挥自身的独特优势，从文化、产业、人才等多角度加大城市软实力对外输出，又进一步提升了城市的国际化进程。

在新时代，中国的开放升级、战略崛起与国际事务的深度参与，需要有一批国际城市成为连接国际市场、融入世界经济、扩大中国文化影响力的枢纽节点，成为带动中国经济发展、提升我国国际话语权的新引擎。我国城市中，北京和上海是举世公认的国际大都市。2017年，国务院批复通过的《关中天水经济区》文件中，提出到2020年把西安建设成为继北京上海之后的国际化大都市，这是国家明确以建设国际化大都市为目标的第三座城市。

很多特大城市对于建设国际化城市都十分积极，福州、青岛、成都、杭州等城市相继提出过建设国际大都市的城市发展目标。如青岛是最先提出"建设国际城市"的城市之一，20世纪80年代中期，青岛就提出了"建设国际大都市"设想。1994年，青岛发表《现代化国际城市研究报告》，首次将青岛的国际化目标定位为"影响力达到东亚地区的地区性国际城市"。1998年，提出"建设现代化国际城市"目标。

2022年10月，青岛印发实施《青岛市推进"国际化+"行动计划（2022—2023年）》，围绕"建设新时代社会主义现代化国际大都市"目标要求，制定了125项重点领域的工作任务。同时，编印了《青岛市推进"国际化+"行动计划（2022—2023年）对标案例指导手册》，汇编了来自17个国家和地区的35个城市的对标案例88宗，为建设国际化城市提供了对标和借鉴。

也有不少特大城市在城市国际化方面起步较晚，这是因城市、城市不同发展阶段的侧重点不同所导致的。如同在山东、同为特大城市的济南，尚无建设国际化城市的发展目标。近年来，济南开始加快国际化建设进程，加快建设国际消费中心城市、国际性综合交通枢纽，着眼于提升城市国际影响力，拓展对外开放的合作通道，扩大对外开放的广度和深度，取得了显著成效。虽然迈向国际化是济南促进高质量经济发展、提升省会城市功能和城市首位度的必由之路，但济南没有明确提出过建设国际化城市目标，暂未通盘考虑城市的国际化发展战略，这将是济南日后要着重考虑的发展方向。

总之，可以这样认为：认真建好人民城市、人文城市、文明城市、国际化城市，就提升了软实力，这是城市软实力建设的最佳路径和最根本策略。

评价与评估

　　软实力不同于硬实力，很多方面都是无形的，难以进行精准量化评测。提升城市的软实力也不同于发展实体产业，这是一个边界模糊且系统性的工作，许多具体工作需要事先评估、事后评价。想要有效地将软实力概念和理论运用到城市发展实践中，随时进行有效监督、指导并适时调整，就需要构建一个符合目标城市发展特点的指标评价体系。

　　在统计研究中，需要同时使用多个相关又相对独立的指标构成一个统一整体，以反映社会经济现象总体数量特征，这就是指标体系。城市软实力建设是一个系统性工程，对它的评价不是各部分的简单总成，而是需要系统性组合优化。对城市软实力的评价，还往往侧重于在某一个角度进行深入分析，如城市制度软实力、城市文化软实力等，又会建立数个不同的指标评价体系。

　　目前，对城市软实力的量化评价尚处在探索阶段，即便针对同一研究客体，也没有统一或固定的评价体系。国内对城市软实力的定量研究较早的，有马庆国等人对区域软实力评估进行的尝试，他们根据区域文化、人口素质、公共服务、区域形象维度等指标构建了一套由 4 个一级指标、23 个二级指标组成的区域软实力诊断指标体系，但未进行实证应用。陈志等提出了包含基本效应力、内部和谐力、外部影响力、综合创造力等 4 个一级指标、20 个二级指标在内比较简易的城市软实力评估模型。龚娜等提出了包含城市文化、政府管理、开放程度、人力素质、城市形象 5 个一级指标、17 个二级指标、42 个三级指标在内的城市软综合实力评价指标体系，通过因子分析客观赋权。庄德林等选取城市文化、公共管理、城市创新、生活质量和国际沟通 5 个维度 55 个指标，构成了国际大都市软实力评价指标体系。这套指标体系较好地体现了国际大都市软实力的核心特征，体系测评指标比较全面、测评重点突出，对中国的国际性大都市如何发展软实力，提出了有益的参考。2009 年复旦大学课题组以问卷方式从文化、科技等 10 个维度对国内城市软实力进行了测评，该研究评价指标比较全面，样本量也比较大，对未来研究具有较强参考价值。

对城市软实力的评价大致有三个研究路径。一种是通过城市持有的各种资源和发展潜能来衡量的量化测评研究，数据来源一般为政府或行业的统计材料，得出来的一般是客观指标。这种方法侧重于城市软实力的呈现载体和发展竞争力，要求研究者对该城市要极为了解，理论的顶层设计要求较高，否则易出现以偏概全的情况。另一种是通过城市所取得的社会感知和影响来衡量的主观调查，数据来源一般是各种形式的问卷调查，得出来的一般是主观指标。这种方法侧重于城市发展软实力的实际效果，理论模型搭建较为简单，易于操作，但需要庞大的样本量作为数据支撑，结果往往带有明显的主观倾向。第三种方式，是通过城市曝光度、美誉度来衡量的城市形象研究，主要数据来自媒介数据挖掘。这种方法维度较窄但指向性强，适用于城市软实力诸多构成要素的一部分。实践中，可以将这三种方法结合起来，以量化测评为主建立评价体系框架，以主观调查为纠偏机制，以城市形象研究为补充，形成综合指标。但这种主观指标与客观指标的结合，会舍弃掉许多更为详细的信息，可能会忽略一些重要的特殊指数。

使用哪种评价方法，取决于研究者对具体城市软实力的观察视角。视角是研究者价值取向和观察侧重点的集中体现，不同视角所对应的城市评价指标体系不同，评价方法侧重也就不同。如市民生活满意度视角，生活满意度是个人对生活的综合判断，是一个纯主观的概念，它独立于积极与消极情感之外，是衡量人居生活质量更为有效的指标，有助于了解市民对于城市发展的关注重点和满意程度，进而对城市软实力作出评价。作为主观指标，市民生活满意度也有一定的局限性，所以可以考虑代入一些能够反映市民行为的客观指标作为补充。又如，城市人居生活质量的视角，这一概念已不再局限于物质层面，精神生活也是其主要内容，由此建立的指标体系就较为复杂。在基于城市人居生活质量视角建立的指标体系中，既有主观指标，也有客观指标，分别反映人居生活质量的不同侧面。所以，对于这一视角，适用综合指标来全面反映人居生活质量的状况。如上海市城市社会经济调查队课题组构建的城市居民生活质量评价指标体系，包括收入、消费、教育、文娱休闲、健康、居住、生活设施、生态环境及社会保障9个方面的指标，其中既有客观指标，又有主观指标。又如北京国际城市发展研究院建立的《中国城市生活质量指标评价体系》，12个核心指标的数据基本来源于统计资料，但同时又通过网上调查收集市民对于自身生活质量的主观评价信息，将主观评估结果纳入客观评估结果，合并为综合的城市生活质量指数。

　　具体构建评价指标体系时，首先要剖析目标城市及研究范畴，根据其特点将城市软实力解构为若干构成要素，每个构成要素代表一个维度，将每一个维度细分为若干层次，每一个层次下再细化出若干具体指标，构成一个完整的评价指标体系。指标体系尽量能系统、全面，能够综合反映城市软实力涉及的各方面。但每一项指标又应互相独立，尽可能用少而精的指标来表达，每项指标都应尽可能地代表要素某个方面的特质。各项指标的选取应有较强的针对性和代表性，每项指标都能从一个侧面反映城市软实力的某个要素，每项指标都能反映其所代表的要素的特性。选取的指标应尽可能反映动态的过程，随着城市规模、城市发展阶段、城市定位、城市竞争方式等的变化而变化，确保评价体系相对的持久性和稳定性。指标选取还要考虑实际操作成本和获得的难易度，应确保所选指标的数据能够准确、及时收集。

在确定了各项指标后，就涉及确定权重的问题。权重是多指标综合评价体系中的重要部分，代表各指标在整个城市软实力体系中的重要程度，如果权重不同，评价结果也会有很大差异。权重的确定，常见的有客观赋权和主观赋权两种方式。客观赋权根据原始数据之间的关系，通过一定的数学方法来确定权重，其判断结果不依赖于人的主观判断，可以最大可能避免人为因素带来的偏差，常使用的有主成分分析法、因子分析法、熵值法等。但客观赋权往往会忽略相关指标在城市软实力建设进程中的重要程度，有时候定的权重会与实际重要程度相差较大。主观赋权通过赋予决策变量主观权重，将决策问题转化为权重和属性的乘积，进而进行决策分析，常使用的有层次分析法、模糊综合评判法、权值因子判断表法、德尔菲法等。主观赋权法的结果受属性选择和权重分配的影响，因此需要保证属性的选择和权重分配的合理性，同时结果的可信度还需要通过检验来验证。

这两种赋权方式之外，还有一种综合性赋权法——组合赋权法，通过结合主观和客观的权重来计算属性的权重，以更好地平衡决策者的主观性和数据的客观性，从而得到更准确的属性权重，有更强的科学性和适用性。组合赋权法更适用于城市软实力这种复杂且多变的指数体系，可以通过不同的方法实现，如熵权法、Topsis 法等。当然，组合赋权法也有主观性依然存在、计算复杂和容易受到异常值影响等缺点。

　　此外，评价指标体系的运行，必须要建立一个数据库，实现指标数据采集、储存、整理等功能，为城市软实力综合评价提供数据支撑。通过数据集成和应用演进，可在城市软实力综合评价指标体系理论框架的基础上检索相关指标数据，搭建可视化数据库框架，将评估体系中每项具体指标代入数据测算模型，就可以对软实力评价结果进行数据分析和量化赋分。最后，根据相关结果，进行现状评价，使用不同视角分析存在的问题，并结合城市发展战略提出相应的对策和建议。

来自外国的实践

　　世界上有很多大城市，每座城市都有着属于自己的独特特点，在各方面表现得都十分优秀。2023 年 7 月，英国品牌评估咨询公司"品牌金融"（Brand Finance）发布了首届《城市指数报告》。该城市指数基于在各大洲 20 个国家对近 15000 名公众进行的一项全球调查，参考了基于本地居民的生活基本所需及游客感受度，从城市商业和贸易、宜居性、文化遗产、人民价值观、可持续性与交通、治理能力以及教育与科学七大支柱对城市品牌进行评估，旨在衡量人们对城市品牌的看法。品牌不仅是城市实现国际传播的重要途径，更是城市的软实力之一，是从另一视角对城市软实力的审视。

　　伦敦的 Brand Finance 城市指数排名第一，被评为世界上最佳城市品牌。伦敦人口多元，大量移民和全球投资者纷纷涌入，在多元文化的碰撞和多样化的国际化交流中塑造了伦敦中心城区繁华丰富的城市内涵。伦敦以卓越的学术中心而闻名，有许多顶尖大学，如伦敦大学学院、伦敦国王学院、伦敦帝国理工学院和伦敦经济学院。由于高等院校众多、教育体系发达、科研实力雄厚、极具创新力，加之英国政府实施的以高技能人才为主导的新移民政策，使伦敦成为最受全世界金融从业者和投资者欢迎的城市。此外，伦敦持续改善的生产总值以及政治、经济和商业风险水平，也扩大了它的整体优势。

伦敦中心城区是交通最为便利的地区，对商务、商业、政府、文化活动具有很强的吸引力。伦敦政府为扶持和留住中心城区的文化创意产业，推行了一系列切实有效的措施，包括降低创意人群的工作和生活成本，同时构建技能培训、利率减免、社区协作等系列政策支持及保障措施。伦敦在中心城区建设、更新项目方面特别重视软实力，即最大限度地利用、开发当地文化资源，如卡姆登市场、红砖巷等项目都是基于当地历史文化背景进行定位并实施改造的。伦敦中央活动区（CAZ）是全球中心城区复兴最为杰出的实践之一，通过地区复兴、文化战略、创新设计、功能复合等方式，最终使城市空间发挥了超越土地的价值。近年来，伦敦还加大平衡办公楼、商业、文化娱乐等各项活动用地与住宅用地之间的发展，同时在区域内响应改善医疗卫生、解决交通拥堵、提升环境质量等需求。

纽约的 Brand Finance 城市指数排名第二。纽约是全球金融之都，营商环境优越，经济强劲稳定，对投资者有很强的吸引力。美国的多元文化在城市软实力方面有诸多体现，纽约的移民总数超过 300 万，有 60% 的纽约市民是移民或移民子女。作为国际移民城市，纽约人使用 200 多种语言，多元文化在这里碰撞融合，塑造了公平竞争、不断创新、自由平等和多元包容的城市精神。2019 年 4 月纽约出台的城市发展战略规划，围绕城市发展面临的基础设施老化、贫富差距扩大、健康与教育资源不平等、气候危机等现实问题，从活力的民主、包容的经济、活力的社区、健康的生活、公平卓越的教育、宜人的气候、高效的出行、现代的基础设施等 8 个方面，提供了解决路径。旨在通过增强城市的"公平性、安全性、韧性"等核心价值，成为全球创建宜居家园的标杆，提高城市的社会凝聚力。

纽约是美国文化设施最多和最集中的城市，拥有丰富的博物馆、艺术馆、影剧院等文化机构和非物质文化，是全球电视、广告、音乐、报纸和图书出版业中心城市，也是北美最大的媒体市场。纽约教育资源丰富，拥有哥伦比亚大学、纽约大学、康奈尔大学等世界一流的高等院校、科研机构，纽约的创新指数已经跃居全球前列。另一方面，近年来纽约为了推动社会公平，在促进中小企业发展方面出台了不少促进措施。美国初创企业研究机构 Startup Genome 公布的全球初创企业生态系统排名显示，纽约在 2017 至 2022 年连续排在第二位，仅次于硅谷。但在城市治理方面，纽约贫富分化严重，暴力犯罪猖獗，对城市稳定和对外形象带来了损害。虽然面临多种挑战，但纽约仍充满活力并保持较高的吸引力。

巴黎的 Brand Finance 城市指数位居第三。作为法国首都，巴黎以开放、热情、有趣、拥有强烈的身份和性格而在全球排名第三。作为全球化程度极高的城市，巴黎拥有充足的商业活力。在世界知识产权组织发布的《全球创新指数2022》中，巴黎在全球科技产业集群中位列第十，这与该城市研发支出在法国乃至欧盟名列前茅是分不开的。

巴黎是一座热爱艺术并致力于传播艺术的城市。巴黎极具特色的大型文化活动"巴黎不眠夜"创办于2002年，于每年10月的第一个周六举办，邀请国际艺术家根据城市固有格局就地取材，用音乐、影像、灯光等手段艺术化、互动式重塑巴黎夜晚的城市空间与街道。巴黎时装周起源于20世纪初，被公认为历史最为悠久、含金量最高的时装周。法国是会展业界公认的会议强国，而巴黎更是有"世界会议之都"的美誉。国际会议和展览带来的文化碰撞和交流，使得巴黎文化持续繁荣，并进一步促进了巴黎本就极为发达的商务和服务业。

巴黎建城已有1400多年的历史，历史悠久，文化遗产丰富。巴黎十分重视对物质文化遗产的保护、修复和对非物质文化遗产的传承，每年吸引几千万的游客慕名而来，创造数百亿的旅游经济收入。同时，这也增强了城市文化身份认同，提升了城市的内在凝聚力，促使居民敬畏历史、认识自身、获得身份认同和归属感。在法国，保护历史遗产、传承城市风貌被认为是促进城市可持续发展的具体方法。巴黎现行的城市规划有作为规范性城市规划的《巴黎地方城市规划》，以及作为修建性城市规划的《历史保护区保护与利用规划》和《协议开发区规划》。三种规划相辅相成，全面覆盖了建筑物的布局、外观、高度及土地利用方式、土地开发强度等指标，直接决定了城市的空间形态特点和功能结构特点，保障了城市空间建设对软实力的促进作用。

悉尼的 Brand Finance 城市指数排名第五。悉尼是全球知名的旅游城市，旅游业是当地的支柱产业之一。悉尼旅游景观的一大特点就是自然风光与人文景观的紧密结合，悉尼对上百个大小不同、风格各异的海滩进行了有针对性的管理，打造出了独特的城市风韵。悉尼港是悉尼的文化名片，几十年来，悉尼围绕这一区域进行城市规划，将其打造成最具标志性的城市景观。悉尼港沿岸，建有诸如悉尼歌剧院、悉尼植物园、悉尼海港大桥等许多地标性建筑，围绕悉尼港还设立了近 390 公顷的国家公园。

悉尼气候宜人，利于户外活动，大型活动和体育赛事成为悉尼推动当地经济发展，打造城市品牌的重要途径。在举办活动和赛事时，当地政府尤其注意将其与悉尼的地标性景观相结合，进一步强化了悉尼的城市形象。在多个不同的全球宜居城市评比中，悉尼均名列前茅，除了当地得天独厚的自然环境，悉尼对绿色环保的重视和宜居的城市规划也是重要原因。

悉尼 2020 年发布了《智慧城市战略框架》，致力于通过数字技术，改善城市服务，提高社区生活质量。这一发展战略主要包括五方面：一是建立支持互联、赋权的社区城市；二是拥抱数字变革以培育创新生态系统，保持悉尼作为吸引全球人才磁石的地位，建立一座提升全球经济竞争力，吸引和留住全球人才的城市；三是建立一座适应未来环境和增强韧性的城市，加快迈向可持续发展的城市之旅；四是整合数字和物理景观，为人们创造多样、安全、包容和创造的场所，全面提升城市活力的宜居程度；五是增强城市互联，优化客户体验，建立一座以客户为中心的高效服务城市。2021 年，悉尼市政府提出《可持续悉尼 2030—2050 年计划》，设定了一系列事关环保绿色和可持续发展的目标。

新加坡的 Brand Finance 城市指数排名第六。新加坡一直遵循实用主义原则，以务实态度，通过切实可行的制度和实践工具，达成发展目标。新加坡坚持自主创新，凭借固有的地理区位优势，以及政府在治理能力、法治、营商环境、人文居住环境建设方面的长期努力，造就了"不屈不挠，奋勇向前，永不言弃"的新加坡精神。新加坡持续打造高度亲商环境，对外资和本地企业一视同仁，实施严格的产权和契约保护，确保政府机构廉洁高效和政治环境稳定，并且提供优惠的税收政策、良好的基础设施和训练有素的劳动力，实现了经济的高度开放，对外界产生了较强的吸引力。新加坡具有世界上最严的执法体系，塑造了遵纪守法的市民群体，营造了安全和谐的城市环境，让该国实现了对外来人才和资金的强大吸引力。面对旅游资源匮乏的现实，新加坡积极推进城市绿化建设，逐渐发展成为世界著名的旅游城市。

伴随着"花园城市"形象的成功打造,新加坡营造出越来越具吸引力的国际化生活环境。

东京的城市指数排在新加坡之后。东京是全球科技领导者之一,以创新为源泉的雄厚综合经济实力是其成为世界城市的基础。与纽约、伦敦不同的是,东京在第三产业迅速发展的同时,仍是日本工业最发达的城市之一。但东京与世界经济的关系并不是先由市场效率来推动,而是出自保持国家自主权的战略考虑,东京这座城市实际上是日本国参与全球竞争的代表。1998 年发生金融危机后,日本开始意识到融入全球化发展趋势和改变社会价值体系的必要性,将发展世界城市的政策指向明确为增进东京的城市吸引力,提高城市竞争力。

东京规划顾问委员会 2001 年的研究报告提出:"东京规划的目标应该定位于创建一座有吸引力和活力的国际城市,并鼓励城市之间的竞争。"为了提高东京世界城市的竞争力,东京都市政府提出几项新政策和计划,其中包括振兴城市核心区、首都重新布局、机场和滨水区开发的相关政策和计划。在恢复城市核心区的活力方面,新的发展战略关注提升城市的竞争实力,高度重视服务和基础设施的建设,强调核心区商业功能聚集的重要性。

迪拜的 Brand Finance 城市指数排名第九,在中东和非洲地区排名第一。迪拜因是珠宝的主要购物目的地而被誉为"黄金之城",但这个称号已经发展到更广泛地描述该市在金融和贸易中的作用,成为这座城市的软实力之一。一直以来，迪拜致力于打造包容性社会环境，推动和弘扬包容、开放的价值观。当地政府制定招才引智的政策、营造良好营商环境，为不同文化背景的人们提供安心工作生活的条件，引导外来人员置业落户，推动迪拜经济不断发展。

迪拜着力塑造全球高端旅游消费品牌，采取了大胆创新的营销理念，拥有世界第一高楼、世界最大的人工岛、世界最大的购物中心、世界最大的音乐喷泉等，使迪拜在全球消费者心中树立起了唯一的城市形象。同时，迪拜致力于推动旅游软硬件设施全面升级，在基础设施建设和软件服务方面投入巨资。迪拜还在体育领域加大投入，使之成为旅游产业的关联产业。每年固定在迪拜举行的大型国际赛事有渣打迪拜马拉松、迪拜网球冠军赛、迪拜赛马世界杯等7个顶级赛事，带来了可观的流量与收入，也让体育消费成为迪拜城市发展的新名片。

这几座全球顶级城市打造城市软实力的方法虽各有特点和侧重，但基本都是以城市自身特有的地理、经济、人文等特点为出发点和落脚点。城市软实力强大的城市，一般都会着力塑造城市精神、价值观念，用富有价值导向的战略规划打造城市凝聚力。在这些城市的软实力体系中，掌握最新科技、最强能力的强大人力资本是城市软实力的重心，它们积极创造高技能岗位，集聚更多的创新人才，使之成为城市处于世界前沿的重要力量。这些城市的法治体系健全而严格，强调城市的依法治理能力，并有权威、高效、全球化的司法仲裁标准规范，这成为提升城市软实力的基础。在文化方面，这些城市在推动城市现代化建设的同时，高度重视对历史文化遗产与文化资源的保护、修缮、利用，尽可能完整地保存城市文明演进的遗迹和肌理，使城市充满着厚重的历史感和文化气息。强调文化厚重感的同时，打造富有创意、引领现代潮流趋势的精品艺术，发挥全球文化中心的吸引力、世界前沿的发展示范与引领力，是诸多国际大都市提升城市软实力的重要依托。这些城市的精神品格体现在城市治理、人居环境、文化建设、营商和创新等诸多领域中，成为城市软实力的根基，推动城市竞争力不断跃升。

中国的城市实践

每年,英国品牌评估咨询公司"品牌金融"都会在英国伦敦发布《年度全球软实力指数报告》。该报告根据一个国家的熟悉度、声誉和影响力,以及对八个软实力类别的综合评估,对一个国家的软实力进行排名。在 2023 年的排名中,美国、英国和德国居前三,中国位居第 5 位,比 2022 年降落一位。具体来说,中国在"易于开展业务"和"未来增长潜力"领域全球排名第一,在"综合影响力""技术与创新领先者"领域居世界第二,在"教育和科技""科学领先者""太空探索投入"领域排名全球第三。

近年来,随着各大城市积极落实国家文化软实力战略,中国很多城市的软实力都有快速提升。在首届 Brand Finance 城市指数榜单中,中国有 8 座城跻身世界城市品牌 100 强:香港排名第 41 位、上海排名第 54 位、北京排名第 58 位、深圳排名第 73 位、重庆排名第 74 位、澳门排名第 81 位、广州排名第 85 位、成都排名第 89 位、南京排名第 93 位。

作为著名的国际金融、贸易和旅游中心，香港的城市软实力表现非常突出。回归后，香港仍保持了强劲的竞争力，这有赖于"一国两制"下的独特制度优势，包括继续实行普通法、司法机构独立行使审判权、良好的营商环境和高效透明的市场、与国际规则顺势衔接的规管制度、高效廉洁的政府、简单税制及低税率、世界一流的专业服务，以及货物以至人才、资金及信息等生产要素自由流动等。中国是世界第二大经济体，大量内地企业赴港融资上市，香港新股上市集资连续多年保持全球领先，奠定了全球领先金融中心的核心地位。香港拥有与西方接轨的司法制度，是世界上唯一拥有英汉双语普通法体系的司法管辖区，也是中国唯一的普通法司法管辖区，法治保障是香港最为突显的优势。香港领先亚洲的教育水平和多元化选择，是高素质人才选择安家的重要理由。2023 年 6 月最新发布的 QS 世界大学排名显示，香港有五所大学位列全球前 100 名。香港各方面展现出来的国际竞争力，其实就是香港软实力的重要体现。

香港提升软实力的措施，除立足于城市自身发展特点外，更重要的是积极把城市融入国家发展大局中。香港一直是国际金融中心、国际航运中心、国际贸易中心、亚太区国际法律及争议解决服务中心，基于国家"一带一路"倡议、"十四五"规划和粤港澳大湾区建设，国家对香港的角色和功能定位加入提升、建设和发展四个新兴中心，即国际航空枢纽、国际创新科技中心、区域知识产权贸易中心、中外文化艺术交流中心。2022年,香港特区行政长官李家超在"香港新坐标:中外文化艺术交流中心"高峰论坛上致辞时提到,特区政府正循四大方向,致力推动香港塑造成为"文化之都",具体包括:逐步建立世界级的文化设施和多元文化空间,为艺术家、艺团和从业者提供土壤,共同孕育文化艺术创作;加强与世界各地艺术文化机构的交流合作,进一步确立香港在国际艺坛的地位;把握国际趋势,增拨资源鼓励文化及创意业界拥抱数码科技;壮大香港的文化艺术人才库等。为提升文化软实力,香港新设立了文化体育及旅游局。该局成立后即举办亚洲文化合作论坛,邀请包括韩国、日本、泰国、新加坡等国家的文化部部长及高层官员参与,推广亚洲地区文化合作。

近几年,香港因种种原因及新冠疫情,经济迟滞并出现人力资源流失,对香港优势和吸引力产生了一些负面影响。但香港的独特地位和优势,依旧不可替代,已经创造出来的城市软实力是无法动摇的。随着香港进一步融入国家发展大局中,经济发展已进入由治及兴的新阶段,城市软实力将进一步获得提升。

上海是中国最大的经济中心城市,2021年经济总量突破4万亿元,排名全国首位。世界城市实验室发布的《2021全球城市500强》中,上海排名第九,位居中国40个入选城市首位。随着国际经济、金融、贸易、航运、科技创新中心建设的不断推进,上海的硬实力还在不断提升。上海的软实力也有不俗的表现,以文化产业为例,2022年上海文创产业占全市生产总值比重约 13%，文创从业人员人均产出达 170 万元，其中仅创意设计产业总产出就达到 1.64 万亿元，展现出文创产业发展的韧性和活力。2022 年，上海市级文创产业发展扶持资金全年投入超 3 亿元，共扶持 777 个文创项目，扶持重点向数字化转型等新兴领域、中小微文创企业倾斜。

上海是国内率先全方位对城市软实力进行理解和定义的城市。2021 年 6 月，十一届上海市委十一次全会审议通过《中共上海市委关于厚植城市精神 彰显城市品格 全面提升上海城市软实力的意见》，提出城市发展需要软实力和硬实力的完美融会和组合，全面布局城市软实力建设。上海"海纳百川、追求卓越、开明睿智、大气谦和"的城市精神和"开放、创新、包容"的城市品格，通过"让核心价值凝心铸魂、让文化魅力竞相绽放、让现代治理引领未来、让法治名片更加闪亮、让都市风范充分彰显、让天下英才近悦远来"付诸实践，着力于提升城市文化、城市治理、法治、创新、生活品质，为提升城市软实力提供了行动路径。

上海的目标是建成具有世界影响力的社会主义现代化国际大都市。2023 年《上海市人民政府工作报告》中提出，今后五年上海将围绕世界影响力、社会主义现代化、国际大都市三个方面，在推动高质量发展、创造高品质生活、实现高效能治理上取得重大突破。《上海市国民经济和社会发展第十四个五年规划和 2035 年远景目标纲要》

中提出，到2035年基本建成令人向往的创新之城、人文之城、生态之城，基本建成具有世界影响力的社会主义现代化国际大都市和充分体现中国特色、时代特征、上海特点的人民城市，成为具有全球影响力的长三角世界级城市群的核心引领城市，成为社会主义现代化国家建设的重要窗口和城市标杆。具体包括：世界影响力全面提升，全球枢纽和节点地位更加巩固，城市核心功能大幅跃升，城市软实力全面增强，综合经济实力迈入全球顶尖城市行列；高质量发展率先实现，建成现代化经济体系，更多关键核心技术自主可控，科技创新成为驱动发展的强劲引擎，全要素生产率全国领先，新发展理念全面彰显；高品质生活广泛享有，人的全面发展、全体人民共同富裕取得更加明显的实质性进展；现代化治理走出新路，全过程民主充分展现，平等发展、平等参与权利得到充分保障，城市运行更加安全高效，社会治理更加规范有序，城市空间、经济、城乡格局进一步优化，绿色健康的生产生活方式蔚然成风。

不难看出，上海提升城市软实力的过程坚持了新发展理念，以落实国家战略为牵引，以建成具有世界影响力的社会主义现代化国际大都市为目标，将"人"作为核心，呈现出的是一种极具温情的软实力。所以上海展望2035年的美好愿景，就是"人人都有人生出彩机会、人人都能有序参与治理、人人都能享有品质生活、人人都能切实感受温度、人人都能拥有归属认同"。

深圳是一座年轻的城市，经济实力的快速增强很容易出现文化产业短板。值得称赞的是，深圳的文化产业的高质量发展，给这座城市带来了不竭的创造力，成为深圳软实力建设方面的亮点。早在2003年，深圳就在全国率先确立"文化立市"战略，把文化发展作为城市发展最重要的战略任务之一，文化逐渐成为深圳凝聚力和创造力的不竭源泉。近年来，深圳不断优化政策发展环境，积极培育文化产业市场主体，推动文化产业高质量发展，文化产业长期保持快速增长态势。

2022年，深圳文化产业增加值突破2600亿元，占全市生产总值比重超过8%，位居全国前列。一方面，创意设计不断助力深圳文化产业价值提升，提供了丰富的文化产品供给。2008年11月，深圳加入联合国教科文组织全球创意城市网络，成为中国首个、全球第6个"设计之都"。2019年7月，《关于推动深圳创意设计高质量发展的若干意见》提出，打响"深圳设计"城市品牌。如今，深圳已拥有3.3万家设计企业、70多个文化创意园区、超过22万名设计师，在平面设计、工业设计、服装设计、家具设计、珠宝设计等领域全国领先。另一方面，深圳卓越的技术创新能力、深厚的制造业基础、完善的产业链配套以及高效的物流供应链体系，为各类文化成果转化提供了更多可能性，成为文化产业发展的根本驱动力。

深圳借助自身硬实力优势，大力推动数字技术与文化产业深度融合。以新媒体艺术、数字孪生、AR/VR/MR新科技为依托，实现科技、创造艺术、IP 文化等多业态的跨界融合发展，形成从艺术到消费、消费到社交、社交到社群的全新产业链条，全面覆盖人们从精神到消费、个体到集体的新型多元化需求，成为引领文化产业高质量发展的重要手段。

成都是成渝城市群两座中心城市之一。党的二十大报告把成渝地区双城经济圈建设摆上促进区域协调发展重要位置，成渝地区将在促进区域协调发展、构建新发展格局、推进新型城镇化和实现中国式现代化中扮演更重要的角色。在服务国家重大战略前提下，成都的目标是建设世界文化名城。2017 年 12 月，成都提出了建设"三城三都"的构想，即建设世界文创名城、旅游名城、赛事名城和国际美食之都、音乐之都、会展之都，作为建设世界文化名城的重要手段。5 年来，成都立足于城市本身的特色，对标国际、系统谋划、开拓创新，持续壮大了文创、旅游、体育、美食、音乐、会展六大产业。而这六大产业，均是城市软实力的基础建设内容和重要提升途径。

"三城"方面，2022 年，成都文创产业增加值 2261 亿元，占GDP 比重达 10.9%。在产值规模不断扩大的同时，成都文创产业实现由高速增长向高质量增长转化。成都相继出台了《成都市"十四五"世界文创名城建设规划》《成都市数字文化创意产业发展"十四五"规划》《关于推进"电竞 +"产业发展的实施意见》等产业规划、行动计划和细分产业政策，构建了"市级重点专项规划 + 行动方案 + 配套政策"的支撑体系。2022 年，成都旅游产业总收入为 1814 亿元。成都现有国家级旅游品牌数量 26 个，位居副省级城市首位。成都相继建成了一批国际一流的音乐厅、美术馆、博物馆等大型城市文化设施，高品质文旅产品供给更加丰富。在持续提升各种品牌旅游景区景点品质的同时，还涌现出一批城市场景旅游化转化的网红打卡地，激发了新的旅游消费需求。2022 年，成都体育产业总规模突破 1000 亿元。近年来，成都致力于举办高水平品牌赛事，成功举办 2019 年世警会、2022 年世乒赛等国际高级别体育赛事 67 项、全国性赛事 100 余项，将各项赛事作为加深与世界各地深化交流互鉴的切口。2023 年 7 月，第 31 届世界大学生夏季运动会在成都举行。以举办大运会为契机，新建改建大运场馆 49 座，大型体育场馆设施综合水平进入全国前五。

"三都"方面，2022 年，成都餐饮销售收入 1445 亿元，居全国副省级城市首位。成都是川菜最重要的发源地，在做优做强美食产业之外，还十分重视对成都美食 IP 的打造。成都的海内外美食文化交流逐年加强，进一步提升成都餐饮的文化传承创新力和品牌影响力。2022 年，成都音乐产业产值 503 亿元，跻身国内音乐产业发展第一梯队。成都汇集了众多的音乐企业、音乐演艺品牌、音乐艺术院校、音乐演出院团，形成了 4 个音乐产业集聚区、5 个音乐特色小镇。每百万人拥有演艺场馆数量达 5.28 个，各类市场化的音乐节会年均举办超 2000 场次。2022 年，成都会展总收入 711 亿元，中国城市会展业竞争力指数居全国第 4 位。成都可供展览面积近 60 万平方米，拥有创意策划、主场服务等会展企业近 700 家，会议型酒店房间总数约 15 万间。2018 年至 2022 年，成都举办全国糖酒商品交易会、中国西部国际博览会等重大展会 4397 场，其中国际性展会 468 场。

从上述几个城市发展软实力的经验来看，提升城市软实力是一项系统工程，要建立明确的目标，进行系统性的布局。在这一过程中，城市要积极响应国家战略，将城市软实力的发展目标融入国家发展大局中。同时，城市要认清自身优势和发展特点，盘活、整合各方面资源，在此基础上有的放矢，好高骛远是没有意义的。最重要的是，发展软实力需要强大的硬实力作支撑，软实力要与硬实力相互匹配，"软""硬"手段相结合才能有效提升软实力。

支撑

高质量发展的
省会

ZHICHENG
GAOZHILIANG
FAZHAN DE
SHENGHUI

为什么选济南

下面我们将以济南为分析实例，来观察城市软实力的内涵及提升情况。

济南，地处中国华东地区、山东中西部、华北平原东南部边缘，地理位置介于北纬36°01′—37°32′、东经116°11′—117°44′之间，与德州、滨州、淄博、泰安、聊城等市相邻。济南是华东地区重要的交通枢纽之一，环渤海经济区和京沪经济轴上的重要交会点，北接京津冀、南连长三角、东承环渤海经济圈、西通中原经济区。济南市的行政辖区总面积为10244.45平方公里，是山东省的省会、副省级城市、特大城市、济南都市圈核心城市、环渤海地区南翼的中心城市。截至2020年7月1日，济南市辖10区2县，132个街道、29个镇。济南是第二批国家历史文化名城之一，龙山文化的发祥地之一，境内泉水众多，素有"泉城"的美誉，拥有"山、泉、湖、河、城"独特风貌。济南是首批中国优秀旅游城市，有A级旅游景区85家。近年来，济南举办过全国运动会、中国国际园林花卉博览会、中国艺术节、中国国际文化旅游博览会等多项国家级赛会，获评全国文明城市、中国十大美好生活城市、全国最安全城市、东亚文化之都、国际花园城市等称号。2023 年中国百强城市排名中，济南位居第 14 位，

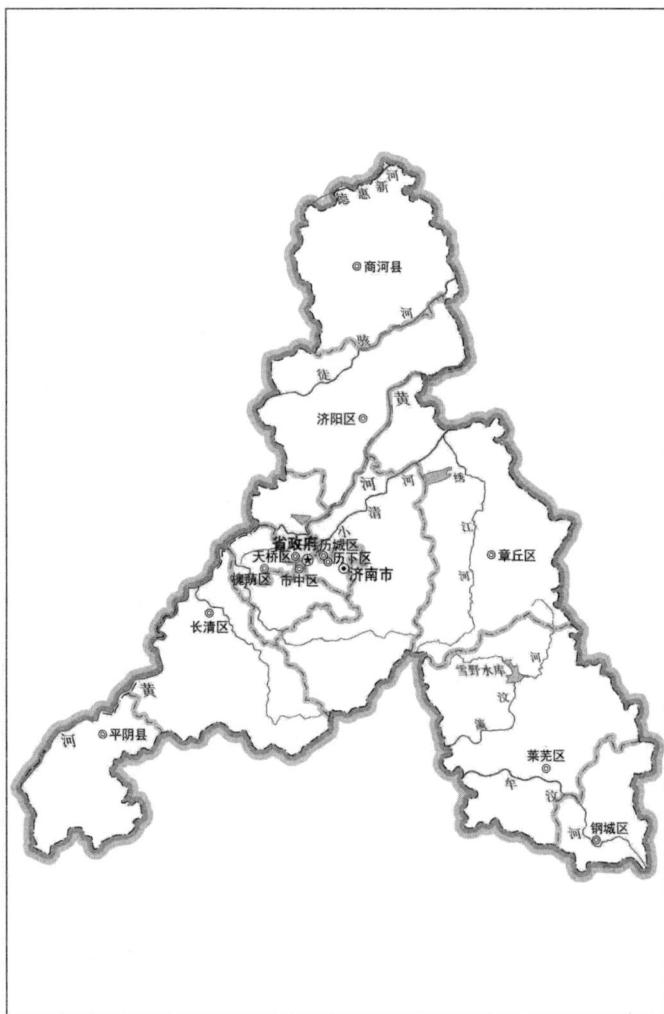

济南市政区图

其软经济指标位居第 10 位。

根据《2022 年济南市国民经济和社会发展统计公报》的数据显示，济南城市建成区面积 853.9 平方公里，增加 12.7 平方公里。建成区绿地率为 37.5%，人均公园绿地面积 12.95 平方米。2022 年末，济南常住人口 941.5 万人，其中，城镇常住人口 699.8 万人，常住人口城镇化率为 74.3%。户籍人口 819.95 万人，人口自然增长率为 -1.9‰。全年人才流入 32.6 万人，净流入 15.8 万人。

2022 年，济南全市生产总值为 12027.5 亿元，按不变价格计算，比上年增长 3.1%。其中，第一产业增加值为 420.5 亿元，第二产业增加值为 4180.2 亿元，第三产业增加值为 7426.7 亿元。三次产业构成比为 3.5 ：34.8 ：61.7。市场主体总量达到 149.8 万户，规模以上工业、限额以上批零和住餐业、资质以上建筑业和房地产开发经营业、重点服务业等"四上"单位总数 13055 家。

济南工业门类齐全、产业体系完善，是国内制造业门类最完备的城市之一，电子信息、交通装备、机械制造、生物制药、食品纺织等主导产业在中国有着举足轻重的地位。2021 年，济南跻身国家先进制造业百强市前列。大数据与新一代信息技术、智能制造与高端装备、精品钢与先进材料、生物医药与大健康，是济南四大支柱产业，规模总量已经达到 1.3 万亿元。济南高新技术、信息产业发达，并被国家批准成为"中国软件名城"。2022 年，济南新技术、新产业、新业态、新模式经济增加值4683.7亿元，占GDP比重为38.9%。全市规模以上高技术制造业实现增加值增长11.1%，领先规模以上工业平均增速9.5个百分点。现代服务业实现增加值4492.3亿元，增长3.7%，占服务业增加值比重为60.4%。

2022年，济南实现社会消费品零售总额4878.1亿元。其中，城镇和城区的社会消费品零售总额分别为4312.2亿元和3951.1亿元。从2020年开始，济南连续四年在政府工作报告中都提及了"争创国际消费中心城市"的内容。国际消费中心城市是现代国际化大都市的核心功能之一，具有很强的消费引导和带动作用。2021年济南提出创建国际消费中心城市，培育打造地标商圈、特色街区等消费场景，2022年进一步提出谋划推进商旅文融合特色街区建设，加快建设国际化地标商圈的目标。

国际贸易方面，2022年，济南实现进出口总额2208.9亿元。其中，出口总额为1431.8亿元，进口总额为777.1亿元。其中，以一般贸易方式进出口1901.6亿元，占进出口总值的86.1%；以保税物流方式进出口194.8亿元，占8.8%；以加工贸易方式进出口88.1亿元，占4%。

金融方面，2022年末，济南金融机构本外币各项存款余额25941.0亿元，较年初增加2504.0亿元；金融机构本外币各项贷款余额26112.3亿元，较年初增加2799.0亿元。济南共有上市公司56家，股票58只，2022年的证券交易额5.8万亿元。在中国证券投资基金业协会登记的私募基金管理机构 208 家，管理基金 711 只，管理基金规模 1168.4 亿元。全市保险业实现保费收入 631.9 亿元，增长 6.2%。全市银行业金融机构不良贷款余额 234.1 亿元，不良贷款率 0.9%，低于全省平均水平 0.4 个百分点。

交通运输方面，2022 年末，济南公路通车里程数 18294.4 公里，其中，高速公路里程数 795.3 公里。公路货运量 2.4 亿吨，货运周转量 608.8 亿吨公里。全年累计完成航班起降 7.9 万架次，旅客吞吐量 824.2 万人次，货邮吞吐量 13.8 万吨。年末拥有民用机动车 369.2 万辆，其中，民用汽车 320.3 万辆。公交线路 756 条，线路总长度 15623.2 公里，旅客运输量 4.0 亿人次。轨道交通运营线路 3 条，长度 84.1 公里，年客运量 5456 万人次。

济南是山东省的文化、教育中心，有山东大学、山东师范大学、山东财经大学、济南大学等一系列重点高等院校，有长清大学城和章丘大学城。截至 2022 年末，驻济高等学校数量为 52 所，在校生人数 67.1 万人，专任教师 4.2 万人；中等职业学校（含技工学校）数量为 69 所，在校生人数为 15 万人，专任教师 0.9 万人；普通中学数量为 334 所，在校生人数 42.1 万人，专任教师 3.6 万人；小学数量为 608 所，在校生人数 64.4 万人，专任教师 4 万人；特殊教育学校数量为 13 所，在校生人数为 0.1 万人，专任教师 0.1 万人。此外，全市普惠性幼儿园覆盖率超过 89.0%，公办幼儿园就读幼儿占比超过 55.0%。

文化方面，2022年末济南有国有艺术表演团体14个，文化馆（站）174个，公共图书馆14个，公共博物馆13个。市级以上文物保护单位437处，其中，国家级30处。城市可统计票房数字影院69家，观众637.6万人次，票房收入2.7亿元。基层综合性文化服务中心覆盖率为100%。

济南医疗产业发展较快，在建的济南国际医学科学中心，将成为集医疗、教学、科研和预防保健、健康旅游、康复医养为一体的具有国内先进水平的综合医学服务中心。国家健康医疗大数据北方中心也落户济南。2022年末共有医疗卫生机构7670个。全市283家医院中，有公立医院99个，民营医院184个。7293个基层医疗卫生机构中，有镇卫生院49个，社区卫生服务中心（站）399个，门诊部184个，诊所3073个，村卫生室3588个。54个专业公共卫生机构中，疾病预防控制中心14个，卫生监督所（中心）14个。医疗卫生机构床位7.6万张，全年总诊疗人次7136.9万人次，出院人数225.9万人。居民收入方面，2022年末全市居民人均可支配收入48827元，其中，城镇居民人均可支配收入59459元，农村居民人均可支配收入23844元。城乡居民人均可支配收入比值为2.49，城镇居民恩格尔系数为23.8%，农村居民恩格尔系数为30.5%。

2022年，济南向85个国际友城发送《济南市2022年国际合作机会清单》，举办"Touching济南"系列活动、"黄河湾"国际青年汉语大赛、济南国际友城教育展等活动。济南从 1983 年开始与国外城市缔结对外友好城市，共有友好城市共 29 个（市级友好城市 27 个、区县友好城市 2 个），友好合作城市 56 个（市级友好合作城市 53 个，区县友好合作城市 3 个）。

济南友好城市

级别	友好城市	所属国家	缔结年份
济南市	和歌山市	日本	1983 年
济南市	考文垂市	英国	1983 年
济南市	萨克拉门托市	美国	1985 年
济南市	山口市	日本	1985 年
济南市	里贾纳市	加拿大	1987 年
济南市	莫尔斯比港	巴布亚新几内亚	1988 年
济南市	水原市	韩国	1993 年
济南市	下诺夫哥罗德市	俄罗斯	1994 年
济南市	万达市	芬兰	2001 年
济南市	雷恩市	法国	2002 年
济南市	郡德勒普市	澳大利亚	2004 年
济南市	奥格斯堡市	德国	2004 年
济南市	哈尔科夫市	乌克兰	2007 年
济南市	卡法萨巴市	以色列	2009 年
济南市	维捷布斯克市	白俄罗斯	2009 年
济南市	普拉亚市	佛得角	2009 年
济南市	波多韦柳市	巴西	2011 年
济南市	马尔马里斯市	土耳其	2011 年
济南市	明斯克市苏维埃区	白俄罗斯	2012 年
济南市	徐图利祖市	印度尼西亚	2012 年
济南市	卡赞勒格市	保加利亚	2013 年

续表

级别	友好城市	所属国家	缔结年份
济南市	萨博潘市	墨西哥	2014 年
济南市	奇维塔韦基亚市	意大利	2015 年
济南市	库塔伊西市	格鲁吉亚	2016 年
济南市	那格浦尔市	印度	2017 年
济南市	阿尔巴门奇市	埃塞俄比亚	2018 年
济南市	马里博尔市	斯洛文尼亚	2019 年
章丘区	柳井市	日本	2004 年
市中区	布加勒斯特市第四区	罗马尼亚	2013 年

济南友好合作城市

级别	友好合作城市	所属国家	缔结时间
济南市	南澳州西托伦斯市	澳大利亚	1997 年
济南市	东爪哇省	印度尼西亚	2001 年
济南市	仁川市	韩国	2003 年
济南市	京畿道抱川市	韩国	2005 年
济南市	新潟市	日本	2007 年
济南市	昌原市	韩国	2008 年
济南市	什切青市	波兰	2009 年
济南市	纽瓦克市	美国	2010 年
济南市	卡纳塔卡邦	印度	2010 年
济南市	库特纳霍拉市	捷克	2011 年
济南市	大田市	韩国	2011 年
济南市	卡罗维法里市	捷克	2012 年
济南市	德累斯顿市	德国	2012 年
济南市	慕尼黑市	德国	2012 年
济南市	艾库鲁勒尼市	南非	2012 年
济南市	韦斯特拉市	瑞典	2012 年
济南市	海阳省	越南	2012 年

续表

级别	友好合作城市	所属国家	缔结时间
济南市	布拉格市十五区	捷克	2013 年
济南市	利伯维尔市	加蓬	2013 年
济南市	拉巴特市	摩洛哥	2013 年
济南市	兰辛市	美国	2014 年
济南市	舍布鲁克市	加拿大	2014 年
济南市	陶波市	新西兰	2014 年
济南市	安东市	韩国	2014 年
济南市	大城府	泰国	2014 年
济南市	福塔莱萨市	巴西	2015 年
济南市	暹粒省	柬埔寨	2015 年
济南市	温得和克市	纳米比亚	2015 年
济南市	巴斯市	英国	2015 年
济南市	昂卡帕林加市	澳大利亚	2016 年
济南市	孚日省	法国	2016 年
济南市	蒂萨费莱德市	匈牙利	2016 年
济南市	玛丽亚温泉市	捷克	2017 年
济南市	罗瓦涅米市	芬兰	2017 年
济南市	马赛市	法国	2017 年
济南市	尼斯市	法国	2017 年
济南市	科孚市	希腊	2017 年
济南市	班加罗尔市	印度	2017 年
济南市	新山市	马来西亚	2017 年
济南市	托莱多市	西班牙	2017 年
济南市	乌布苏省	蒙古国	2017 年
济南市	圣安东尼奥市	美国	2018 年
济南市	森讷堡市	丹麦	2018 年
济南市	泽黑洛市	希腊	2018 年
济南市	埃格尔市	匈牙利	2018 年
济南市	万隆市	印度尼西亚	2018 年

续表

级别	友好合作城市	所属国家	缔结时间
济南市	大野市	日本	2018 年
济南市	比斯托纳斯市	立陶宛	2018 年
济南市	乌泰纳市	立陶宛	2018 年
济南市	莱顿市	荷兰	2018 年
济南市	西部省卡卢特勒大区	斯里兰卡	2018 年
济南市	撒马尔罕市	乌兹别克斯坦	2019 年
济南市	浦项市	韩国	2020 年
历城区	首尔市江南区	韩国	2006 年
章丘区	庆尚南道河东郡	韩国	2010 年
平阴县	科扎尔米什莱尼市	匈牙利	2021 年

作为沿海大省的省会，济南正处于加快发展、跨越发展的关键期和机遇期，力图在国家中心城市建设取得突破性进展。

为什么以济南作为研究样本？如前章所述，对于多数规模较小的城市而言，城市软实力并不能成为城市发展的强大推力或核心竞争力，还不能将软实力的功用发挥到最大。而规模较大的城市，城市人口及硬实力支撑强劲，内生资源储量巨大，以此为依托的城市软实力会激发出最大价值。规模较大的城市中，又有大型城市、特大型城市和超大型城市。其中，超大型城市的战略布局和发展定位是独特的且不可替代，城市软实力也多有长足发展，有城市自身独特的发展方式和支撑模式，其他城市亦难效仿。济南的城市规模是特大型城市，类似济南这样规模的城市还有不少，这些城市对发展城市软实力的需求最急迫，其发展路径也最值得关注，具有普遍的指导意义。另一方面，济南市软硬经济指标发展基本均衡，在国家战略、经济实力、发展空间、市场规模等方面有明显优势，综合实力、发展能级、城市品质、民生改善、生态环保等领域正发生着显著变化，虽不是国家中心城市，但国内大循环战略节点和国内国际双循环战略枢纽的作用开始显露。目前，济南正面临着如何推动高质量发展，如何做强城市功能和提升城市能级的战略问题。这些问题，也是很多大城市，尤其是省会城市、区域中心城市正面临或即将面临的问题。

在国家战略下

国家战略给城市的发展带来机遇和动力，更成为加快发展城市软实力的催化剂。济南承接南北、贯通东西、连接陆海，1.5 小时高铁圈覆盖 4.1 亿人口，在国家区域发展战略优化调整中综合优势愈发突出。近年来，新旧动能转换起步区、自贸试验区济南片区、科创金融改革试验区等战略先后落地济南，国家战略的汇聚给济南经济社会的高质量发展带来了机遇，济南开启了高质量发展之路。

1. 从"先行"到"起步"

2017 年，济南启动了新旧动能转换先行区建设，这是全国首个以"新旧动能转换"为内涵的功能区。

2018 年 1 月，国务院批复《山东新旧动能转换综合试验区建设总体方案》，明确支持济南高水平规划建设新旧动能转换先行区，集聚集约创新要素资源，发展高端新兴产业，打造开放合作新平台，建设现代绿色智慧之城，打造全国重要的区域性经济中心、物流中心和科技创新中心。2018 年 6 月，济南发布《济南新旧动能转换先行区管委会代管区域划转工作方案》，将位于黄河北岸的 4 个街道办事处及 5 个社区划归先行区管委会代管。2019 年，先行区引进 26 个高端优质项目，签约总投资 1664.84 亿元（含外资 16.65 亿美元），位列济南各区县第一。2020 年 03 月，山东省人民政府正式批复《济南新旧动能转换先行区发展规划（2020—2035 年）》，支持济南高水平规划建设济南新旧动能转换先行区。先行区定位全国新旧动能转换的先行示范区。预计到 2035 年，城镇人口达到 300 万人，规划控制区城镇建设用地面积约 178 平方公里，城镇空间占比 24.3%，城乡区域发展差距显著缩小，绿色智慧、动能强劲、活力迸发的新旧动能转换起步区基本建成。

2021 年 3 月，国家发改委提请十三届全国人大四次会议审议《关于 2020 年国民经济和社会发展计划执行情况与 2021 年国民经济和社会发展计划草案的报告》，其中在落实区域协调发展战略的重要举措中明确指出"东部率先"，鼓励东部地区进一步提升创新能力，支持建设济南新旧动能转换起步区。济南新旧动能转换先行区被正式定义为济南新旧动能转换起步区。起步区承接南北，向北连接京津冀，向南对接长三角。推进起步区建设，有利于带动北方地区高质量发展，推动南北区域战略衔接、均衡发展，促进全国区域协调发展。

从"先行区"到"起步区"，意味着定位的提高、功能的增强，将获得更多的政策优势。"先行区"主要使命是为山东新旧动能转换综合试验区寻找经验，更多的是针对山东自身新旧动能转换而言，侧重于产业功能区，重点是培育一批具有核心竞争力的特色现代产业集群。"起步区"则是国家从黄河战略的高度来谋划和布局，要求起步区要形成黄河流域生态保护和高质量发展的新示范、山东新旧动能转换综合试验区的新引擎、高水平开放合作的新平台和绿色智慧宜居的新城区，不仅要考虑产业发展，更要统筹考虑生态、生活等综合功能，突出产城融合，其目标是打造一座黄河流域最具现代化特征的未来之城、希望之城。

2021 年 4 月，国务院批复《济南新旧动能转换起步区建设实施方案》。同年 8 月，济南新旧动能转换起步区管理委员会正式挂牌。起步区西起济南德州界，东至小清河—白云湖湿地，南起黄河—济青高速，北至徒骇河，包括太平、孙耿、桑梓店、大桥、崔寨、遥墙、临港、高官寨 8 个街道及唐王街道中西部区域、泺口街道黄河以北区域，面积约 798 平方公里。根据方案，起步区到 2025 年，综合实力大幅提升，基本形成现代化新城区框架；到 2030 年，起步区的交通通达能力、城市服务功能、生态环境质量、综合实力等核心优势初步呈现，基本完善城市综合功能；到 2035 年，基本形成现代产业体系，基本建成绿色智慧宜居新城区。

济南新旧动能转换起步区空间位置和范围示意图

　　建设起步区，其实就是济南城区跨越黄河发展新城区的过程，不过这座新城是在国家战略指引下发展起来，遵循绿色可持续的高质量发展之路。现代产业体系方面，起步区聚焦高端高质高效、集聚集群集约的产业发展方向，加快构建以科技创新为核心动力、以战略性新兴产业为引领、以先进制造业为主体、以现代服务业为支撑、以文化产业为重要内容的现代产业体系。城市发展方式方面，起步区在水资源节约集约利用、绿色低碳发展、智慧城市建设、综合立体交通网络构建、城市安全发展上寻求突破，提高城市发展的持续性、宜居性、安全性。在开放示范窗口方面，起步区充分发挥自由贸易试验区、国家级新区、国家自主创新示范区和全面创新改革试验区政策叠加优势，加强改革系统集成、协同高效，着力推动规则、管理、标准等制度性开放，增强起步区国际交往功能，更好参与国际合作和竞争，提升起步区发展活力和综合竞争力。

2022 年 8 月，《济南新旧动能转换起步区发展规划（2021—2035年）》面世，济南新旧动能转换起步区有了"新示范、新引擎、新平台、新城区"的战略定位。作为黄河重大国家战略中的唯一实体性新区，济南新旧动能转换起步区所产生的产业吸引力是巨大的，日后所形成的新城区的社会凝聚力、文化感召力、科教支持力、参与协调力在济南是空前的，将成为提升城市软实力的强劲动力。

2. 自由贸易与科创金融改革

自由贸易试验区（FTZ）是采取自由港政策的关税隔离区，在贸易和投资等方面的贸易安排比世贸组织有关规定更加优惠。2013 年 9月，《国务院关于印发中国（上海）自由贸易试验区总体方案的通知》，设立了第一个中国自由贸易试验区。至 2020 年 9 月，中国已经分多批次批准了 21 个自贸试验区。作为中国由"经贸开放"向"制度开放"转变的重要载体，自由贸易试验区在国家层面探索全新对外开放方式与对外合作模式过程中起到了不可替代的作用。2022 年，全国 21 个自贸试验区实际使用外资 2225.2 亿元，占全国的 18.1%，其中高技术产业实际使用外资 863.4 亿元；实现进出口总额 7.5 万亿元，占全国的 17.8%。

中国（山东）自由贸易试验区设立于 2019 年 8 月，实施范围 119.98 平方公里，涵盖三个片区：济南片区 37.99 平方公里，青岛片区 52 平方公里，烟台片区 29.99 平方公里。山东自贸试验区的发展目标是，经过三至五年改革探索，形成更多有国际竞争力的制度创新成果，推动经济发展质量变革、效率变革、动力变革，建成贸易投资便利、金融服务完善、监管安全高效、辐射带动作用突出的高标准高质量自由贸易园区。

济南片区的功能划分，在 2019 年的《中国（山东）自由贸易试验区总体方案》中规定为：重点发展人工智能、产业金融、医疗康养、文化产业、信息技术等产业，开展开放型经济新体制综合试点试验，建设全国重要的区域性经济中心、物流中心和科技创新中心。2023 年 1 月，山东发布《中国（山东）自由贸易试验区深化改革创新方案》，这一方案将黄河流域生态保护和高质量发展国家战略纳入未来发展定位，并着力从产业发展全过程全链条进行整体考虑，加强科技、金融、数字赋能等要素支撑，推动医养健康、高端装备制造、绿色低碳全产业链创新发展。在这一方案中，济南片区的功能围绕加快推进绿色低碳高质量发展先行区建设，聚焦医养健康、数字经济、产业金融等领域，围绕建设新时代社会主义现代化强省会战略目标，着力打造具有国际竞争力的生物医药产业集群、数字经济创新示范区和黄河流域重要的对外开放门户。

山东自贸试验区济南片区自设立后，推进创新链与产业链的深度融合，深入开展技术研发攻关、产品配套合作、市场商贸往来，提升产业上下游关联度、供需端匹配度，推动单条产业链向优势产业集群迈进。截至 2023 年 2 月，山东自贸试验区济南片区累计新设企业 4.8 万家，实际使用外资 32 亿美元，占全市的 36.2%；完成进出口 1972.8 亿元，占全市的 33%。

与自由贸易试验区相关的，还有科创金融改革试验区。

金融是现代经济的核心，长期以来，济南金融指标运行稳定。2020 年，济南在新财富《省会城市金融竞争力榜》中上榜省会金融竞争力五强城市。科技创新所改变的不仅仅是金融业，而是整体经济。为探索中国特色科创金融发展道路，2021 年底，经国务院同意，中国人民银行、国家发展改革委、科技部、工业和信息化部等 8 部委联合印发《山东省济南市建设科创金融改革试验区总体方案》，标志着济南市正式获批建设科创金融改革试验区，成为全国首个科创金融改革试点城市。科创金融试验区的落地，标志着我国科创金融发展进入了全新的阶段，从金融产品和服务体系的完善，进一步扩展到实现科技、产业、金融的良性循环。根据方案，科创金融改革试验区将通过 5 年左右时间，基本形成体系健全、结构合理、配套完善、保障有力的科创金融服务体系，建立完善覆盖科技创新全周期的金融生态链，金融与科技深度融合发展，运行质量和服务效率大幅提升，科技创新支持山东新旧动能转换重大工程取得重大突破，形成深化金融支持科技创新和服务实体经济可复制可推广的经验。

济南在 2022 年 7 月制定的《济南市建设科创金融改革试验区实施方案》中，围绕 8 大重点领域提出 39 项重点任务、155 条推进措施、112 个重点项目。在改革探索和开拓创新上，济南计划打造"人才+资本"的融资服务模式，为推动人才创新创业、科技成果转化融资路径和实现人才赋能发展提供了启发、借鉴和复制。针对知识产权评估难、抵押难问题，围绕制约科技型企业全生命周期的服务需求及突出问题和关键链条环节，构建企业全生命周期的科创金融服务模式，为其他地区打造科创金融服务体系提供模板和经验。试验区将科创金融与绿色金融、普惠金融有机结合，在科创金融与绿色金融之间搭建起桥梁，培育良好的绿色科创金融生态，促进绿色技术创新和科技成果的资本化和产业化，助力"双碳"目标实现。同时，为中小型科创企业量身打造全要素金融生态，提升科创金融服务中小型科创企业的制度包容性和精准性，进一步丰富和提升普惠金融服务水平。

不管是自由贸易试验区还是科创金融改革试验区，都为济南的社会经济发展提供了战略护航，并成为推动城市高质量发展的动力。而这些国家级试验区的建设方向，最终又都将重合，落实在黄河流域生态保护和高质量发展战略中。

3. 黄河流域中心城市

济南地处黄河下游，黄河从济南穿过。黄河济南段全长183公里，上起平阴县东阿镇，下止济阳区仁风镇，流经平阴县、长清区、槐荫区、天桥区、新旧动能转换起步区、历城区、济南高新区、章丘区、济阳区9个区县和功能区。黄河塑造了济南独特的自然地理风貌，保障了全市80%以上的生产生活用水，是城市重要的生态景观带和历史文化带，济南因黄河被托举到国家大局、区域布局、生态全局的结合点上。

2019年9月，习近平总书记主持召开了黄河流域生态保护和高质量发展座谈会，对黄河流域生态保护和高质量发展进行战略谋划、作出重大部署，明确提出"郑州、西安、济南等中心城市和中原等城市群加快建设"的重要指示要求。2020年1月，习近平总书记主持召开中央财经委员会第六次会议，强调黄河流域必须下大气力进行大保护、大治理，指出要发挥山东半岛城市群龙头作用，推动沿黄地区中心城市及城市群高质量发展。2020年7月，中共济南市委出台了《关于实施黄河流域生态保护和高质量发展国家战略行动的意见》，提出实施生态保护修复、黄河安澜等十大行动，明确了济南贯彻落实黄河流域生态保护和高质量发展重大国家战略的任务路径。

2021年10月，中共中央、国务院印发《黄河流域生态保护和高质量发展规划纲要》，对黄河流域生态保护和高质量发展作出全面系统部署，这是继京津冀协同发展、长江经济带发展、粤港澳大湾区建设、长三角一体化发展之后的又一大国家战略。纲要提出，构建形成黄河流域"一轴两区五极"的发展动力格局，促进地区间要素合理流动和高效集聚。

济南是黄河流域的中心城市，具备引领国家重大战略有效有序落地实施的基础和条件，纲要中有几处明确提到济南的作用。纲要在谈到构建便捷智能绿色安全综合交通网络时，提出加快形成以"一字型""几字型"和"十字型"为主骨架的黄河流域现代化交通网络，其中的"一字型"是以济南为起点。深度融入共建"一带一路"方面，提出"高水平高标准推进沿黄相关省区的自由贸易试验区建设，赋予更大改革开放自主权。支持西安、郑州、济南等沿黄大城市建立对接国际规则标准、加快投资贸易便利化、吸引集聚全球优质要素的体制机制，强化国际交往功能，建设黄河流域对外开放门户"。在谈到在加快战略性新兴产业和先进制造业发展时，纲要明确提出"支持济南建设新旧动能转换起步区"。

为践行黄河重大国家战略,济南立足自身资源和发展实际,编制了《济南市黄河流域生态保护和高质量发展规划》。规划中提出,到2030年,济南基本形成节约资源、保护环境的空间格局、产业结构、生产方式、生活方式,打造成为黄河流域生态保护示范标杆和高质量发展核心增长极;到2035年,"东强西兴南美北起中优"城市发展格局全面塑成,初步建成现代化国际大都市;到本世纪中叶,率先基本实现社会主义现代化,建成城河共荣、生态环境优美宜人、新动能驱动高质量发展、发展成果人人共享的现代化国际大都市。

规划提出,济南将辐射带动淄博、泰安、聊城、德州、滨州、东营6市,着力打造黄河流域生态保护和高质量发展引领区、全国区域一体化发展示范区、全国数字经济高地、世界级产业基地、国际医养中心和国际知名文化旅游目的地,打造"泰安—济南—德州"南北向发展枢轴和"淄博—济南—聊城"东西向发展枢轴,推动济南新旧动能转换起步区、淄博周村、德州齐河、滨州邹平四地建设省会经济圈绿色一体化发展示范区,推动济南章丘—滨州邹平—淄博周村、济南商河—德州乐陵和临邑—滨州惠民等探索跨市域毗邻县(市、区)一体化发展路径;推进济南与青岛交通设施、户口迁移、就业社保、教育文化、医疗卫生、住房保障等共建共享。同时,推动与郑州、西安等沿黄城市间开展多层次、多形式的沟通合作,引领带动山东半岛城市群与中原城市群、关中城市群等在基础设施、产业发展、对外开放、生态保护、科学技术、文化交流等方面全面对接、协同发展。

2022年，济南制定了《济南黄河生态风貌带规划》，成为统筹济南黄河生态风貌带建设实施管理的依据。此后，济南推进沿岸绿化提升和水质治理，提升31公里淤背区防护林、建成6处郊野公园，实施黄河百里风景区中心景区景观提升，同时持续加强防洪工程建设。这一系列生态保护行动，让黄河沿岸的环境发生质的变化。

黄河重大国家战略明确了济南黄河流域中心城市定位，随着新旧动能转换起步区、自贸试验区济南片区、科创金融改革试验区等战略先后落地，济南在国家战略、经济实力、发展空间、市场规模等方面的优势越来越明显，综合实力、发展能级、城市品质、民生改善、生态环保等领域都发生着显著变化。2020年，济南生产总值首次突破万亿元。2021年，济南生产总值为11432.2亿元，一般公共预算收入突破千亿元。2022年，尽管因新冠疫情干扰导致经济形势严峻复杂，济南生产总值仍达到12027.5亿元，按不变价格计算比上年增长3.1%，超全国3.0%的增速。

第一动力

科技是硬实力，创新是软实力。党的二十大报告中提出："必须坚持科技是第一生产力、人才是第一资源、创新是第一动力。"2022年3月，新华社联合百度发布《大数据看2022年全国两会关注与期待》，科技创新位列第六位。

科技创新是指工业企业用于科技创新和技术开发方面的具体活动，包括知识创新、技术创新和现代科技引领的管理创新。科技创新是提升国家核心竞争力的必由之路。通过不断创新，国家可以保持在科技领域的领先地位，提高国家综合实力。科技创新涉及多个领域，包括信息技术、生物技术、新材料等，这些技术的应用能够带来巨大的经济和社会效益。因此，国家需要大力支持科技创新，投入更多的资金和人力资源，吸引更多的创新人才。

党的十八大以来，党中央把创新摆在国家发展全局的核心位置，实施创新驱动发展战略，推进以科技创新为核心的全面创新。党的二十大报告将"实现高水平科技自立自强，进入创新型国家前列"纳入 2035 年我国发展的总体目标。济南与国家发展战略同频共振,把科技创新摆在优先发展的战略位置,加快建设创新型城市,成为山东创新发展的一面旗帜。

近年来,济南面临贯彻落实黄河重大国家战略的重大机遇,以及加快建设新时代社会主义现代化强省会的目标,科技创新成为城市的第一驱动力,在健全技术创新市场导向机制、强化企业技术创新主体地位、优化科创生态等方面都有不俗的表现。2022 年,济南全社会研发投入 306.7 亿元,同比增长 15.5%。其中,基础研究 26.8 亿元,增长 44.9%;试验发展 241.3 亿元,增长 17.4%。研发投入占地区生产总值比重 2.68%,高于全省 0.34 个百分点。全市科学研究和技术服务业主营业务收入达 508.6 亿元,增速 13.2%,高出全市服务业平均增速 9 个百分点。

科创平台方面,2022 年,济南有 8 项创新指标稳居全省第一,新获批全国重点实验室 5 家、省级重点实验室 10 家,新备案省级院士工作站 10 家,新增省级技术创新中心 7 家,新增省级创新创业共同体 1 家,新备案省级新型研发机构 14 家,新增高新技术企业突破 1300 家,初步构建了一个创新创业生态体系。

济南将高能级创新平台作为战略科技力量的关键支撑,加快推进齐鲁科创大走廊建设,高水平建设中科院济南科创城,推进超高速电磁驱动试验、载人航天微重力试验、大气环境模拟系统等大科学装置建设，争创综合性国家科学中心。落地济南的"中科系"科研院所达13个，引进了一批重大科技项目和高层次人才团队，突破了一批关键核心技术，植物基因编辑、轻型燃气轮机、核辐射监测、高端显微光学装备等先进技术处于领跑位置。"中科系"科研院所的创新辐射带动能力初步显现，如依托与中科院空天信息创新研究院的紧密合作，2023年1月，齐鲁二号、三号卫星搭载长征二号丁运载火箭在太原卫星发射中心顺利升空，标志着山东省首个自主可控的遥感卫星基础设施——齐鲁卫星星座初步建成，济南空天信息产业实现了跨越发展。

2023年，济南加快首个国家实验室济南基地、3家省实验室建设，推进泉城实验室争创国家实验室基地，支持高校、院所、企业建设全国重点实验室。同时，加快齐鲁科学城建设步伐，全力推进中科院理化所二期、空间应用中心等工程建设，打造北方先进激光研究与高端制造基地，提升中科院济南科创城引领带动能力。支持山东产业技术研究院、山东高等技术研究院、山东区块链研究院、济南通用超算平台等平台载体做大做强，新增新型研发机构5家。随着科创载体加速崛起，战略科技力量加速布局，济南正加快成为高科技创新策源地。

科创主体方面，济南采取了一系列有力措施服务企业科技创新，着力打造良好的创新发展生态。2022年，济南市高新技术企业达到5772家、科技型中小企业7613家，分别与2019年同比增长157%、664%，成为推动经济高质量发展的骨干力量。以济南市高新区为例，近年来，高新区先后有 10 家"中科系"院所项目落地，集聚省级以上研发机构 285 家，其中新型研发机构 38 家；高新技术企业达到 2057 家、近 3 年平均增长率近 30%，科技型中小企业达到 2587 家、近 3 年平均增长率近 60%，这两类科技型企业的数量均居山东开发区首位。

济南积极引导支持骨干企业联合高等院校、科研院所建设市场化运行的高水平新型研发机构，攻克关键核心技术，提升企业主体创新能力。2020 年以来，以科技型企业为主体，济南建设各级各类实验室 98 家，其中国家级 2 家、省级 20 家、市级 76 家；建设省级技术创新中心 14 家、省级工程技术研究中心 189 家、省级新型研发机构 34 家。济南深化制度创新，制定了《济南市科技计划项目揭榜挂帅实施方案（试行）》《济南市科技计划项目管理办法（试行）》等一系列政策文件。2021 年至 2022 年，济南先后组织发布人工智能应用场景、关键技术攻关等"揭榜挂帅"项目榜单 25 项，24 项成功揭榜，吸引国内 9 所高校、16 家科研院所、20 家龙头企业共同参与，累计投入各类科研经费 2.43 亿余元、协调金融机构提供综合授信 43.8 亿元，在中药现代化、先进材料、高端装备等领域突破一批关键核心技术，多个项目形成了较好的示范带动效应。

科创人才方面，济南有完善的创新人才引进机制，针对不同层次的人才，济南实施了顶尖人才集聚工程、高端外专集聚工程、专业技术拔尖人才支持政策，打造院士专家工作站、人才工作联络站。在就业、创业等方面，济南推出《济南市人才服务支持政策》《济南市人才发展环境政策》，涵盖了从人才引进到服务的各个环节，构筑了更具竞争力的人才政策体系。目前，济南市人才资源总量已突破263万，各类人才净流入15.8万人，综合科技创新指数连续4年名列全省第一，获评"2022中国年度最佳引才城市"，入选"外国专家眼中最具吸引力的中国城市"。

资本服务方面，济南是全国首个科创金融改革试验区，有良好的政策优势。以此为契机，济南不断探索金融支持科技创新的新路径和新模式，发展各类科创金融专营和特色机构，构建涵盖科创企业全生命周期的特色金融产品体系，尽可能发挥政府科技创新基金引导带动作用。全市共设立科技支行等特色银行机构20家、科技特色保险机构7家，推出专项信贷产品40余项，金融机构本外币存贷款余额均超过2.5万亿元。截至2022年末，全市首批次纳入统计的科创企业有贷户数占比41.9%，较上年提高3.6个百分点。贷款余额同比增长13.1%，其中，纯信用贷款余额同比增长25.64%，高于各项贷款平均增速13.64个百分点。科创企业贷款加权平均利率3.88%，较年初下降37个BP。科创企业融资渠道明显拓宽，创新主体实力得以增强。在新发布的《2023中国城市科创金融指数》中，济南综合景气度排名国内第10位，同时还有多项指标排在前十位。科创金融改革试验区带来的政策红利效应正在显现。

推动科技创新，是济南高质量发展的强劲动力和最大势能。科技部中国科学技术信息研究所日前出版的《国家创新型城市创新能力评价报告2022》中，济南市创新能力在97个国家创新型城市中排名第13位，在全国城市创新能力百强榜中排名第16位，均较2021年提升1位。世界权威期刊《自然》增刊《2022年自然指数—科研城市》分析全球主要城市和都市圈2021年在自然指数追踪的82种自然科学期刊中的科研产出，评出了全球科研城市100强，济南位列第36位。相较2021年，提升了21个位次。AMiner团队联合智谱研究2023年7月发布的《2023年全球人工智能最具创新力城市排名》中，中国有19个城市进入全球人工智能创新城市前100强，分别是北京、上海、香港、杭州、深圳、南京、西安、广州、台北、武汉、合肥、沈阳、成都、天津、哈尔滨、长沙、新竹、大连和济南，济南位列全球排名第76位。该排名展示了全球人工智能领域的创新活力和发展潜力，为中国人工智能的发展提供了重要的参考坐标，济南成为推动全球人工智能创新的重要力量之一。

济南在高质量发展的道路上，展现出强大的科技力量。

"数字先锋"

　　"数字先锋城市"——这是济南在数字赋能发展方面对自己制定的目标。

　　数字产业是硬实力，其成果又在创造软实力。1993 年互联网商业化后，出现了数字经济概念。数字经济，是以数字技术为基础的经济形态。在数字经济时代，数据和信息是最重要的资源。数字经济的快速发展推动了经济的增长，带来了新的商业模式和市场机会，引领着一个新时代的到来。推动数字经济发展的重要手段之一是数字化转型，就是将传统产业转型升级为数字化产业的过程，能够提高生产效率、降低成本、改善产品质量和服务水平，进而提高企业的竞争力。数字经济的发展需要国家政府提供良好的政策环境和基础设施，同时也需要企业积极投入研发和创新，提高数字技术的应用水平。数字化转型需要企业进行全面的技术升级和管理创新，同时也需要政府提供良好的政策环境和支持。

　　数字经济是继农业经济、工业经济之后的主要经济形态，是驱动城市能级跃升的新引擎。放眼全球，数字经济正在成为重组要素资源、重塑经济结构、改变竞争格局的关键力量。目前，从中央到地方都在着力推进数字经济与实体经济的融合，通过数字化转型提升实体经济。2022 年，我国数字经济规模达 50.2 万亿元，总量稳居世界第二，占 GDP 比重提升至 41.5%，数字经济成为稳增长促转型的重要引擎。

2021 年发布的《2021 中国数字经济城市发展白皮书》中，济南被列入数字经济新一线城市。2022 年，济南新一代信息技术产业实现营业收入 5853.2 亿元，同比增长 15%。在新一代信息技术产业的引领带动下，2022 年济南市数字经济核心产业增加值占 GDP 比重达到 17.63%，数字经济规模占 GDP 比重达到 47%，发展水平跻身全省第一位。在中国电子信息产业发展研究院发布的《2022 中国数字经济发展研究报告》百强城市排名中，济南位列第 16 位；赛迪顾问发布的《2022 中国数字城市竞争力研究报告》数字城市百强榜中，济南位列第 15 位；德本咨询、eNet 研究院、互联网周刊联调发布 2022 数字经济城市排行榜 TOP50 中，济南位列第 6 位。2020 年国务院第七次大督查中，济南以第 1 名的位次入选建设信息基础设施和推进产业数字化成效明显市（州）推荐名单。

济南数字经济起步较早，城市数字化一直在大跨步前行，这得益于济南在新一代信息技术与大数据产业领域的超前布局。早在 2019 年初，济南就出台了《济南市促进先进制造业和数字经济发展的若干政策措施》，提出"大力推进'机器换人'、数字车间、数字工厂、智慧产业、智慧园区、智慧建筑，打造数字工厂（车间）示范项目"，"对跨行业跨领域工业互联网平台，按不超过平台建设总投入的 30% 予以资助，最高资助 2000 万元"等众多举措。并设立了济南市先进制造业和数字经济发展专项资金，市财政每年安排 5 亿元，用于支持先进制造业和数字经济发展。在《济南市"十四五"加快数字化高质量发展规划》中，济南明确提出了"到 2025 年，我市数字化发展水平走在全国前列，数字经济核心产业规模达到 8000 亿元，数字经济总规模占 GDP 比重达到 52%，成为国内数字产业化发展核心区、产业数字化转型示范区、城市数字化建设引领区"。

济南的数字经济产业园发展质量较高。如成立于 1995 年的齐鲁软件园，经过多年深耕，已成为山东省首批数字经济园区和省内唯一国家新型工业化产业示范基地（大数据），主导产业由最初的应用软件，扩展到高端软件、大数据、集成电路、人工智能、信息技术应用创新、总部金融等产业门类，涌现出浪潮、金现代、瀚高软件、华天软件、神思电子、概伦电子、中孚信息等数字经济领域的龙头企业。2022 年齐鲁软件园大数据和新一代信息技术产业规模达到 3200 亿元，占全市比重超过 60%。山东数字产业大厦是山东数字经济产业园的核心载体，一经建成就已入驻了思极科技、网宿科技、赤子城、金云数据等40 余家数字企业，业态涵盖金融科技、人工智能、能源互联、通信科技、BIM 软件、数字内容等领域，初步形成了数字经济产业集聚及园区产业生态，2022 年实现了 7 亿元的业务营收。又如明湖国际信创产业园为省级数字经济园区（试点），已签约华为三个创新中心，落户中国电子、科大讯飞等信创龙头产业，引入中国信通院星火·链网超级节点、百度双中心和清华超星未来、北大软件等 20 余家上下游企业，2022 年该园区企业营收超 10 亿元。目前，济南正支持齐鲁软件园争创首批中国软件名园，加快建设元宇宙产业园、能源互联网产业园、龙山数字经济产业园等园区载体，数字经济规模化、集群化发展。

软件是大数据产业的主力军，是数字经济发展的关键支撑。2008 年，济南提出了建设中国软件名城的发展战略。2011 年，被工业和信息化部正式认定为"中国软件名城"。2020 年，济南获批工业和信息化部支持的人工智能创新应用先导区建设和科技部支持的国家新一代人工智能创新发展试验区建设，成为继上海、深圳之后第三个"双区叠加"的城市。经过十余年发展，济南的软件企业成长迅速，集群集聚效应凸显。2022 年山东省软件工程技术中心公示名单中，共有 127 家企业达到门槛标准要求，其中有 64 家来自济南的企业。济南入选国家鼓励的重点软件企业达到 11 家、全国软件百强企业 13 家、全国互联网百强企业 4 家、上市软件企业 18 家；累计获批工信部大数据产业发展试点示范项目 11 个、工业互联网 APP 优秀解决方案 13 个、网络安全技术应用试点示范项目 9 个，国家网信办区块链备案产品 25

个，各项指标均居全省首位。济南服务器产销量全国第一、全球第二，AI 服务器产销量全球第一，超算制造全球第二。

济南的基础软件、工业软件、新兴平台软件等产品创新供给能力均有不俗的表现。如国内数据库行业龙头企业瀚高推出的瀚高数据库，以深度掌握 PostgreSQL 内核为基础，坚持自主研发路线，在安全性、可用性、兼容性和拓展性多个方面进行深度开发和增强。围绕数据库产品，瀚高形成了覆盖数据全生命周期管理的全栈解决方案，涵盖在线交易、数据分析、数据传输、容灾备份等应用场景。如华天软件自主研发了国内首款、完全自主、基于云架构的三维 CAD 平台 CrownCAD，突破三维几何建模引擎 DGM 和几何约束求解器 DCS 两大核心技术，一举打破国外垄断，为中国高端制造的安全自主奠定核心基础。再如浪潮的浪潮云，8 年蝉联中国政务云市场第一位，在全国近 300 个城市有数据中心，浪潮云洲连续四年入选国家级双跨平台，位居 28 个平台前六位。正是这样一批软件企业坚持自主研发，致力于推进基础软件、工业软件和信息安全软件的国产化，才形成了相对完整的国产基础软件、工业软件和信息安全软件生态链。它们所在的城市济南，也受益匪浅。

算力项目是济南数字经济布局的重要方向之一，全国超 50% 的 AI 算力来自济南。目前，总投资 20 亿元的中国算谷产业园一期项目已投入使用，二期、三期项目也在加快建设。算谷产业园正面向全国招商超级算力算法、人工智能、机器人、集成电路、空天信息、智能制造等领域高端企业入驻，洛克美森智能电气、济南卫星制造基地等一批重点项目将落地入园。总投资25亿元的算谷科技园也在加快建设，预计2024年建成，将为产业链上下游创新资源集聚提供有力的载体支撑。按照《中国算谷发展规划（2021—2025年）》，到2030年，中国算谷将成为全球领先的数字产业发展高地，数字产业规模超过1万亿元，数字经济占GDP比重达60%以上，位居全球前列。此外，济南人工智能智算中心已上线试运行，首期已具备100P的算力并成功上线试运行，未来该中心计划提供400P的算力。依托国家超算济南中心规划打造的14.2平方公里"超算数字经济生态创新圈"也在加速崛起。

在济南，城市家庭千兆光纤网络覆盖率100%，宽带用户下载速率居全省首位，累计建成5G基站4.3万处，数量居全省首位、全国前列，实现重点场所5G信号全覆盖，入选全国首批"千兆城市"和首批5G商用城市。新型数字基础设施建设取得显著成效，全省唯一的"星火·链网"超级节点落地建设，建成开通济南国家级互联网骨干直联点和全球首张确定性网络，浪潮一体化大数据中心启动建设，济南超算建成"神威·蓝光"第二代产品，"山河"超级计算平台综合算力处于国际前列。

数字技术在数字政务、城市运行、基层治理方面应用广泛，济南连续 5 年获评"中国领军智慧城市"。济南采用"同城三中心"+"异地多点"灾备模式，建成了全国首个市级政务云，有 5616 台云服务器在政务云运行，全市政务系统上云率达到了 100%。通过智慧平台对路口交通流量、流向进行 24 小时精准监测和分析研判，精准控制红绿灯等交通信号设备，全市已有 183 个路口被数字化综合改造、152 处交通堵点被打通，交通拥堵指数同比下降 8.5%。智慧社区是智慧城市建设过程中不可或缺的组成部分，济南立足社区资源和居民需求，打造多个各具特色的智慧社区样板，截至 2022 年，全市有 200 个社区纳入山东省重点支持建设智慧社区名单。文旅产业中，"好客山东 云游齐鲁"智慧文旅平台已为全省 3 万余家酒店、景区、商超等企业赋能，注册用户近 300 万人，服务用户近 4000 万人次。数字乡村建设方面，山东省数字乡村试点乡镇马山镇建设了马山 CIM 基础信息平台，通过该平台可全面直观地掌握镇域实时运行综合态势，推动了"互联网+"向基层的延伸覆盖。数字化转型已逐步在济南城市发展的各领域遍地开花，不断拓展着智慧便利生活的边界。

数字经济不仅是新的经济增长点，更能带动各个领域实现数字化升级。近年，济南吸引高端数字产业链加速集聚的同时，还将大数据、人工智能、云计算等数字技术深度融合到实体经济中，持续赋能制造业高质量发展。围绕数字经济发展，济南正加快推动一批数字经济项目建设。2023 年，济南初步统筹谋划了 58 个大数据与新一代信息技术产业重点项目，总投资达 838.3 亿元。按照《加快数字化高质量发展打造数字先锋城市推进方案》，到 2025 年，济南数字经济产业能级将达到万亿级，占 GDP 比重超过 50%，数字产业化和产业数字化规模均达到 7000 亿级，城市数字化水平位居全国前列，为制造业高质量发展、城市现代化进程提供强大支撑。

绿色发展之路

　　绿色发展是以效率、和谐、持续为目标的经济增长和社会发展方式，以人与自然和谐为价值取向，以绿色低碳循环为主要原则，以生态文明建设为基本抓手。

　　绿色发展有狭义和广义之分。狭义的绿色发展是指以环境友好型的生产生活方式为核心的发展理念和模式，主要是解决发展中产生的环境污染和生态损害问题。而广义的绿色发展包含了狭义绿色发展和循环发展、低碳发展的全部内容，是指以资源节约型、环境友好型、能源低碳型生产生活方式为核心的发展理念和模式，是人类社会在反思传统工业化先污染后治理时形成的经济增长与资源环境相协调的新发展道路。

　　十八大以来，党中央、国务院把"推进绿色发展、循环发展、低碳发展，形成节约资源保护环境的空间格局、产业结构、生产方式、生活方式"作为生态文明建设和高质量发展的重要内容予以大力推动。2021年2月，《国务院关于加快建立健全绿色低碳循环发展经济体系的指导意见》发布，提出建立健全绿色低碳循环发展经济体系，促进经济社会发展全面绿色转型，是解决我国资源环境生态问题的基础之策。党的二十大报告提出，必须站在人与自然和谐共生的高度谋划发展。

在强国建设的新征程上，绿色发展成为经济发展的主旋律。通过推动绿色发展实现经济高质量发展，在工业、农业、服务业领域加大推广循环经济、低碳经济等有效发展模式，全面推行绿色发展方式，构建绿色低碳循环的经济体系，实现高质量发展。以结构性改革为关键环节推动碳减排，遏制高耗能、高排放、低水平项目盲目发展，通过推行绿色生产方式推动传统产业节能降碳，实现传统产业的转型升级。绿色发展也是科技创新的方向和目标，绿色发展领域有望成为我国追赶和超越发达国家的新赛道，绿色技术创新将为我国乃至世界经济发展提供不竭的新动能。

2022 年 8 月，国务院印发《关于支持山东深化新旧动能转换推动绿色低碳高质量发展的意见》，支持山东以深化新旧动能转换为中心任务，努力建设绿色低碳高质量发展先行区。对于济南来说，加快绿色低碳循环发展，是全面落实黄河流域生态保护和高质量发展重大国家战略、着力解决资源环境约束问题的选择，是助力实现碳达峰碳中和目标、协同推进经济高质量发展和生态环境高水平保护的要求。

济南是一座一贯重视生态文明建设的城市。自 2017 年，济南市被列为"国家低碳城市试点"以来，济南实施碳达峰"十大工程"和适应气候变化行动，加快调整产业、能源、运输、农业投入与用地结构，低碳城市建设迈出坚实步伐。"十三五"期间，济南市单位 GDP 能耗累计下降 35.8%，碳排放强度下降 32.3%，均超额完成山东省下达的考核任务。"十四五"以来，济南能耗强度累计下降 14.1%，非化石能源消费比重较"十三五"末增长 1.4 个百分点，清洁能源发电量占比提高至 19.5%，绿色低碳高质量发展取得新成效。

绿色产业方面，济南在"十三五"时期加快新旧动能转换，打造了一批节能环保装备、资源循环利用、新能源等绿色优势产业。"四新"经济增加值比重超过 36%，高新技术产业产值占规模以上工业总产值的比重达 55.29%，智能制造与高端装备产业规模达到 4000 亿级，省级以上专精特新、瞪羚、单项冠军企业达到 771 家，成功创建国家级绿色工厂 12 家、绿色供应链管理示范企业 2 家。2022 年，全市数字经济占 GDP 比重达到 47%，发展水平跃居全国城市排名第 6 位。

低碳发展方面，济南在"十三五"期间，单位 GDP 能耗累计下降 35.8%，碳排放强度下降 32.3%，均超额完成山东省下达的考核任务，规模以上工业企业增加值能耗累计下降 51.8%，超过全国平均水平 35 个百分点。"十四五"以来，济南能耗强度累计下降 14.1%，非化石能源消费比重较"十三五"末增长 1.4 个百分点，清洁能源发电量占比提高至 19.5%，绿色低碳高质量发展取得新成效。2022 年，全市大力推动整县（区）屋顶分布式开发试点，2022 年发电装机容量达 137.4 万千瓦，占可再生能源装机容量比 45.54%。持续实施节能降碳增效，成为全国首个实现 35 蒸吨及以下燃煤锅炉全部淘汰的省会城市。济南依托国家电投黄河流域氢能产业基地，将引进培育一批氢能企业，推进氢能在交通、能源、建筑等多领域推广示范。据环保产业统计调查，济南市入库调查企业 623 家，涉及产值 980 余亿元，清洁能源、先进环保装备等产业集群发展模式显现。2023 年 7 月，济南市在全国低碳城市试点评估中获得最高一档的"优良"等级。

生态文明建设方面，早在 2017 年，济南就出台了《济南市生态环境功能区划》《济南市环境空气功能区划》《济南市声环境功能区划》，在全市划分了 5 个生态功能区，对环境空气和声环境功能区进行分类分区并明确了相关标准。2021 年，《济南市"十四五"生态环境保护规划》出台，确定了环境治理、应对气候变化、环境风险防控、生态保护等 4 大类 21 项主要指标，明确了"十四五"时期生态环境保护 9 项重点任务。济南在"十三五"期间，PM2.5 年均浓度改善 42.4%，环境空气质量综合指数较 2015 年改善 34%，优良天数比例达到 60.9%，较 2015 年增加 12.7 个百分点，均为有监测记录以来最好水平，重污染天数减少 21 天。全市 7 个国控断面有 6 个实现水质类别提升，好 III 类水体比例达到 85.7%；瀛汶河徐家汶断面氨氮浓度较 2015 年改善 91.7%；牟汶河贺小庄断面改善 73.3%；小清河辛丰庄断面改善 80.03%，在全省率先实现消除劣 V 类水体任务目标。重点泉群连续 17 年持续喷涌。2023 年上半年，济南市空气质量综合指数为 4.84，在全国 168 个重点城市排名同比前进 3 个位次；6 项污染物中，PM2.5 浓度为 42 微克 / 立方米，保持了有监测数据以来的同期最好水平；济南市水环境质量实现显著提升，国控断面、省控断面、市控断面和城镇级饮用水源地水质 100% 达标，国控断面 100% 达到好三类水体，优于省定目标要求 30 个百分点；国控断面优良水体比例同比提升 10 个百分点，济南国控断面水质指数在全省名列前茅。"十三五"期间，济南森林覆盖率达 25.6%，城区绿化覆盖率保持在 40% 以上，2020—2022 年完成造林 22.36 万亩，位居山东前列。

绿色生活方式方面，济南重视绿色低碳循环发展理念宣传教育，组织开展节能宣传周、低碳日、泉城环保世纪行等主题宣传活动，全面推进城乡生活垃圾分类，营造全社会节能降碳的浓厚氛围。济南在"十三五"期间，开展了生态文明公益教育服务项目，研究本土环境教案并开展十大环境教育活动（环境教育公益课堂；环保社会实践和培训；践行"公民十条"培训；自然教育、自然笔记活动；公益河流课堂和黄河"小河长"活动；空气观察团活动；与脱贫攻坚结合的农村生态环境教育；环保设施向公众开放；生物多样性活动；低碳城市试点建设活动），累计开展活动近 2000 场次，覆盖人群逾数百万人。2020 年 9 月，该项目受生态环境部宣教中心邀请，在中日韩环境教育研讨会上进行了分享。2023 年 2 月 6 日，低碳教育百千万——济南蒲公英行动正式启动，参与居民对绿色低碳相关问题的认知发生了很大变化。近年来，绿色生活方式在济南逐步推广，绿色建筑在新建民用建筑中比例达到 100%，公共交通机动化出行分担率达 54%。

近年来，济南在创新环境治理、助力项目突破上做出了许多努力。如济南新旧动能转换起步区（绿色建设国际产业园）入选省生态环境厅整体清洁生产审核创新试点和生态环境部第一批清洁生产审核创新试点项目；济南大力推进"环保管家""环境医院"服务模式，共有 3 家项目入选省生态环境厅"环保管家"服务模式试点，1 家入选"环境医院"服务模式试点。为摸清环保产业底数，济南在全省率先开展环保产业调查，2022 年入库调查企业 623 家，涉及产值 980 余亿元。2023 年 7 月发布的《2023 中国高质量发展评估报告》中，济南市获评"2023 中国高质量发展十大标杆城市"和"2023 高质量发展营商环境最佳城市"。

绿色发展是一个永恒的话题。2022 年 6 月，济南公布《济南市"十四五"绿色低碳循环发展规划》，提出到 2025 年，全市绿色低碳循环发展将取得阶段性成果，绿色低碳循环发展经济体系基本建立，覆盖全社会的资源循环利用体系基本建成，基础设施绿色化水平不断提高，生产生活方式绿色转型成效显著，绿色发展机制体制更加完善，绿色低碳循环发展水平显著提升。其中，绿色经济活力将充分释放，节能减排、绿色低碳企业不断壮大，节能环保、循环经济等绿色产业产值持续增加，智能制造与高端装备产业集群规模达到 7000 亿元，绿色建筑产业链、节能与新能源汽车产业、清洁能源产业产值力争达到千亿元，节能环保服务业、循环经济产业产值力争达到百亿元，基本形成"千百亿"绿色产业体系。

济南 2025 年绿色低碳循环发展主要指标

指标	2020 年	2025 年	属性
（一）经济绿色转型			
"四新"经济增加值占比（%）	36	45	预期性
高新技术产业产值占规模以上工业总产值比重（%）	55.29	60	预期性
全社会研发经费支出占地区生产总值比重（%）	2.4	3.3	预期性
省级及以上绿色工厂（家）	12	40	预期性
市级及以上绿色工业园区（家）	1	15	预期性
（二）资源利用效率			
主要资源产出率提升（%）	—	15	预期性
单位地区生产总值能耗降低（%）	〔35.8〕	完成省下达任务	约束性
单位地区生产总值二氧化碳排放降低（%）	〔32.34〕	完成省下达任务	约束性
单位 GDP 建设用地面积下降率（%）	3.56	完成省下达任务	约束性
农作物秸秆综合利用率（%）	98	≥ 98	预期性
（三）绿色基础设施			
非化石能源消费占比（%）	2.9	7	预期性
清洁能源电量占全社会用电量比重（%）	11	23	预期性
累计新增绿色建筑面积（万平方米）	1538.9	〔5000〕	预期性
中心城区城市新能源公交车占比★（%）	71.2	100	预期性

续表

指标	2020 年	2025 年	属性
（四）绿色发展底色			
空气质量优良天数比率（%）	62	65.2	约束性
地表水达到或好于Ⅲ类水体比例（%）	60	70	约束性
城市生活污水集中收集率（%）	67	75	预期性

注：〔　〕为五年累计数，★不含应急车辆。

2023 年 6 月，济南市人民政府印发《济南市碳达峰工作方案》。根据该方案，"十四五"期间，济南市能源结构绿色转型和产业结构优化升级将取得明显进展，重点行业能源利用效率大幅提升，合理控制煤炭消费，新能源占比逐渐提高的新型电力系统加快构建，绿色低碳循环发展的经济体系初步形成。到 2025 年，济南市非化石能源消费比重提高至 7%，单位地区生产总值能源消耗比 2020 年降低 14.8%，完成山东省下达的单位地区生产总值二氧化碳排放目标任务。"十五五"期间，城市绿色低碳、安全高效、多元互补的现代能源体系初步建立，产业绿色低碳循环发展模式基本形成，重点耗能行业能源利用效率达到国内先进水平，非化石能源消费比重进一步提高，经济社会全面绿色低碳转型取得明显成效。到 2030 年，非化石能源消费占比达到 12% 以上，单位地区生产总值二氧化碳排放比 2005 年下降 68% 以上，确保如期实现 2030 年碳达峰目标。

就过去而言，济南的绿色发展之路中规中矩，步伐并不大，绿色低碳循环发展中还存在着一些问题和短板，如产业绿色转型任务依然艰巨；绿色产业和循环经济集聚效应偏弱，缺少具有国际影响力的龙头企业和产业集群；资源利用效率有待进一步提高；绿色技术支撑能力不足，绿色发展保障机制和支撑体系有待完善。但从近一年的发展来看，济南正快步向前，加快推动生态环境保护与新旧动能转换深度融合，在深化新旧动能转换上当引领、作示范，做大做强主导产业，培育壮大战略性新兴产业，发力突破未来产业，推进数字产业化和产业数字化，构建更具核心竞争力的现代化产业体系，努力以数字化赋能绿色低碳高质量发展。从一系列动作中，我们可以看出济南时不我待的决心。

就未来而言，面对绿色低碳这一时代主题，如何协同推进降碳、减污、扩绿、增长，加快实现生产和生活方式的绿色变革，培育壮大新兴产业，在深化新旧动能转换推动绿色低碳高质量发展上作示范，济南还要付出更多的努力。

一小时通达

山东有三大经济圈，分别是省会济南为代表的省会经济圈、青岛为主的胶东经济圈、临沂为龙头的鲁南经济圈。从济南到省会经济圈内的其他城市，至多只需要 1 小时。

通达的交通网络能把不同地域的人、物、区域经济以及文化串联起来，为城市带来各种资源的同时，又解脱了城市文化辐射力的束缚，让城市软实力有更广阔的扩张空间。在以国内大循环为主体、国内国际双循环相互促进的新发展格局下，济南是黄河流域唯一的沿海省会城市，衔接南北动能传导、联动陆海双向开放的战略要地，是面向东北亚开放合作的重要支点，区位优势明显，发展动能强劲。

济南的交通体系基础良好，更有国家层面的战略定位。《黄河流域生态保护和高质量发展规划纲要》在谈到构建便捷智能绿色安全综合交通网络时，提出加快形成以"一字型""几字型"和"十字型"为主骨架的黄河流域现代化交通网络，其中的"一字型"是指"济南经郑州至西安、兰州、西宁的东西向大通道，加强毗邻省区铁路干线的连接和支线、专用线建设，强化跨省高速公路建设，加密城市群城际交通网络，更加高效地连通沿黄主要经济区"。在提到航空货运枢纽建设时，明确提出"提升济南、呼和浩特、太原、银川、兰州、西宁等区域枢纽机场功能"。《济南市"十四五"综合交通运输发展规划》中将济南交通运输业发展规划的目标，从"十三五"期间的"全国综合性交通枢纽城市"变更为"国际性综合交通枢纽城市"。2022 年，

济南实施交通重点项目 161 个，完成投资 667 亿元，同比增长 16%，投资完成额全省领先，占全市基础设施投资的 63%。

公路方面，济南是连接华东与华北的门户，是连接华东、华北和中西部地区的重要交通枢纽

济 南 市 地 图

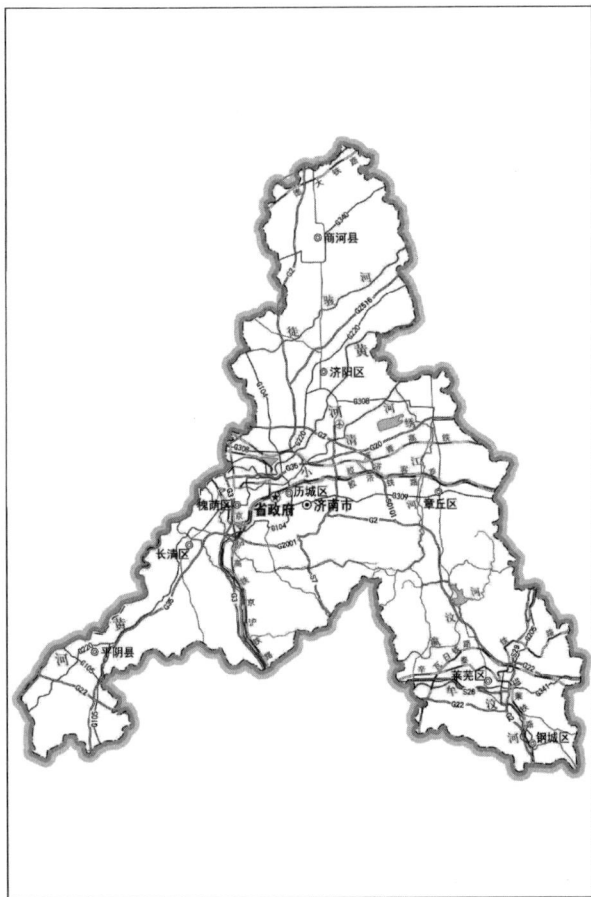

之一，地理位置优越，交通发达，是全省公路网络中心和高速公路枢纽。1990 年 6 月，济南至青岛高速公路开工建设，这是山东省第一条高速公路建设项目。这之后，济南的公路建设，尤其是高速公路建设迅猛发展。纵贯济南南北方向的有 G2 京沪高速公路（北京—上海），G3 京台高速公路（北京—台北），G35 济广高速公路（济南—广州）；横贯东西方向有 G20 青银高速公路（青岛—银川），G22 青兰高速公路（青岛—兰州），S1 济聊高速公路（济南—聊城），G2516 济东高速公路；G2001 济南绕城高速公路将济南环绕其中；国道 104 线、105 线、220 线、308 线、309 线及省道 242、243、244、248、316、321、327、804 线共 16 条省道贯通城市。截至 2023 年 7 月，济南公路通车里程达到 18294.4 公里，跨黄通道达到 16 处。其中，高速公路总里程达到 795 公里，双向六车道以上占比达到 68.84%，全省第一。

2022 年 7 月，国家发展和改革委员会、交通运输部印发《国家公路网规划》，济南都市圈环线高速公路被纳入国家公路网规划。根据《济南市"十四五"综合交通运输发展规划》，济南正快速完善"二环一联十六射"高速公路网。到"十四五"末，高速公路通车总里程将达到 940 公里，6 车道及以上高速公路占比达 88%，市域建制镇实现 30 分钟上高速公路。新改建高速公路约 390 公里，高速网辐射带动周边 21 个区县发展。目前，京台高速济南至泰安段（改扩建）、济南至高青高速、大西环 3 个项目建成通车，高青至商河、济南至微山等 6 条高速公路相继开工，济潍高速、大北环等项目加快推进。

铁路方面，早在 1904 年，胶济铁路就已经延伸至济南。1912 年津浦铁路通车，胶济线和津浦线在济南交会，奠定了济南铁路枢纽地位。今天的济南，是中国规划中的十大区域性客运枢纽之一，铁路客运站有济南站、济南东站、济南西站、章丘站、章丘北站、章丘南站、历城站、大明湖站、雪野站、莱芜北站、莱芜东站、钢城站等。 全市铁路通车总里程达 801 公里，其中高铁通车里程 411.6 公里，全省领先。从济南乘坐高铁可直达全国 254 座城市。

济南的交通辐射力正逐年快速提升。2022 年 7 月，济南市发布《济南市新型城镇化规划 （2021—2035 年）》提出，加快建设以济南为中心的 "米"字形放射通道和连接周边城市的环形通道，共建 "轨道上的都市圈"。《济南市 "十四五"综合交通运输发展规划》中提到，"到 2025 年，'米字型'高铁网基本形成，建成济郑高铁、济莱高铁、黄台联络线，推进济滨高铁、德商高铁，实现省会经济圈市市通高铁，打造轨道上的省会经济圈"。目前，济南正加快推进 "米字型"高铁建设，济南铁路枢纽的三个主客站实现互联互通，济南站至济南东站间列车运行时间由 47 分钟缩短至 17 分钟；国内首条市域高铁——济莱高铁开通运营；济滨高铁控制性工程率先在济南开工；济郑高铁加快推进，黄河流域 "一字型"大通道正加快形成。

航空方面，1992 年建成通航的济南遥墙国际机场为 4E 级民用国

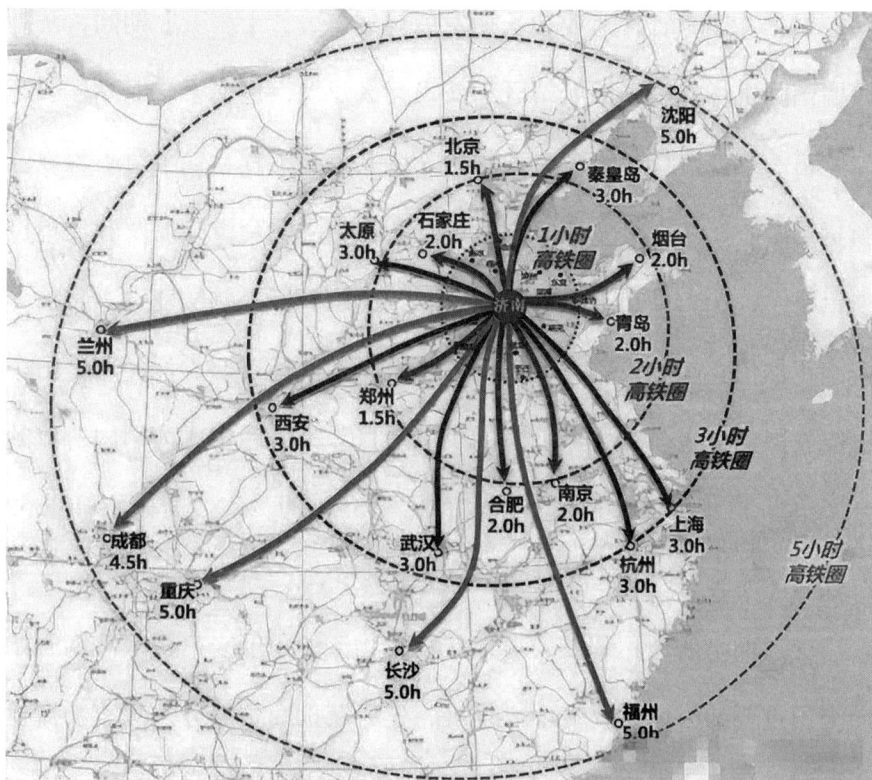

济南"米"字形高铁网圈层

际机场，是中国重要的入境门户和干线机场之一，可以起降大型民航

货运班机。据2017年9月机场官网信息显示，济南遥墙国际机场占

地7200亩，航站楼建筑总面积11.4万平方米，其中南指廊面积3万

平方米，可保障年旅客吞吐量1200万人次、高峰4500人次/小时、

飞机起降10万架次的需求；机坪共44万平方米，设有24个登机桥。

2022年，随着商河通用机场建成通航，济南通用航空机场共有4处，

机场执飞航线180条、通达国内外107个城市。

根据《山东省民航业中长期发展规划》，"十三五"期间，济南遥墙国际机场将启动西航站区和西飞行区建设，包括第二航站楼、第二跑道、第二滑行道等多个项目；完成北指廊工程、二平滑工程以及新货运中心、综合交通枢纽中心、生产和生活配套设施以及驻场单位项目建设；2030 年前后，适时启动第二跑道和新航站楼建设。目前，济南正加快实施总投资 498 亿元的济南国际机场二期工程，这是山东民航发展史上规模和投资最大的机场项目。完工后将成为国内一流的 4F 级国际机场，预计达到年旅客吞吐量 5500 万人次、货邮吞吐量 52 万吨的保障能力，通达海内外 190 多个城市。

交通网络的通达程度，可以从货运物流的角度来审视。济南开始向全国重要的区域性物流中心发展，先后获批商贸服务型国家物流枢纽、国家骨干冷链物流基地、国家综合货运枢纽补链强链城市、国家城市绿色货运配送示范城市、全国供应链创新与应用示范城市。济南拥有各类物流企业近万家，规模以上物流企业营业收入近千亿元。拥有国家级示范物流园区 2 家，国家 3A 级（含）以上物流企业 130 余家，5A 级物流企业 19 家，居全国同类城市前列。物流业招商引资投资额连续 4 年超百亿元。随着产业规模不断壮大、物流设施日趋完善，物流网络拓展迅速。国际（地区）货运航线累计开通 20 条，通达 10 个国家、14 个城市，实现欧美亚全覆盖。中欧班列通达 20 个国家、47 个城市，累计开行超 2600 列。打通了至东部沿海、成渝、粤港澳大湾区、西部地区等的国内铁路物流通道，全市铁路集装箱发送量连续两年增长超 30%。在物流新技术应用上，济南发展智慧物流，推动建设口岸物流大数据平台，网络货运、数字仓库等"互联网 +"物流新模式新业态不断涌现。

2023 年，济南在交通领域计划实施重点项目 224 个，其中，续建 127 个、新建 97 个。项目总投资 5362 亿元，年内计划完成投资 800 亿元、同比增长 20%。项目建设领域涵盖多方面，铁路 10 个、公路 30 个、机场 2 个、水运 3 个、城市道路 154 个、轨道交通 8 个、场站枢纽 17 个。重点围绕服务黄河流域生态保护和高质量发展重大国家战略、现代城市空间、济南新旧动能转换起步区等十大领域。

目前，济南正以打造高速（城际）铁路、高速公路"双高通道"为重点，打造 1 小时济南都市圈，周边城市也积极响应。泰安市综合交通发展规划提出，"积极争取与济南轨道交通网联通，探讨共建省会轨道交通圈"；淄博市综合交通发展规划提出，"谋划建设淄博至济南市域铁路，研究推进与济南城市轨道交通衔接，促进济淄同城一体化发展"，该市储备城市轨道交通 2 号线一期工程项目，西起周村区，毗邻济南市章丘区；德州综合交通发展规划提出，进一步打造市域轨道和城市轨道网络，构建"多网融合、快网服务"多层次轨道交通体系，支撑德济一体化、济齐一体化；在滨州市综合交通发展规划定位中，滨州位于京津冀协同发展及省会经济圈的双重辐射圈层中，按照"东融青烟威、西进省会圈"的发展方向，打造济滨＋德滨、济青高铁网。

《济南市"十四五"综合交通运输发展规划》提出，到 2025 年，初步实现省会经济圈内城市 1 小时通达、省内主要城市 2 小时通达、全国主要城市 3 小时通达。通过高速铁路网，济南都市圈内部直连直通时间缩短至 1 小时内，与北京、天津、郑州、青岛等周边城市连通控制在 2 小时内。

随着交通 1 小时互通的实现，一个以济南为中心的都市圈正悄然形成。

经济圈与都市圈

　　快速推进城市同城化、一体化发展的动因，源自山东省会经济圈和济南都市圈的建设。

　　经济圈是以特大城市或辐射带动能力强的大城市为核心，多个城市集合的区域范围，从地域的自然资源、经济技术条件和政府的宏观管理出发，组成某种具有内在联系的地域产业配置圈。

　　2020年1月，中央财经委员会第六次会议强调，发挥山东半岛城市群龙头作用，推动沿黄地区中心城市及城市群高质量发展。山东半岛城市群是省域内城市群，是山东省发展的重点区域，是中国北方重要的城市密集区之一，黄河中下游广大腹地的出海口，同时又是距离韩国、日本地理位置最近的地区。早在2007年，山东就提出"一体两翼"的区域发展政策，即以青岛为龙头，以青岛、济南两大中心城市为支撑，由半岛城市群和省会城市群经济圈两大板块组成区域。2020年6月，山东省政府印发实施《关于加快推进省会经济圈一体化发展的指导意见》，明确加快推进实施区域协调发展战略，高水平建设现代化省会经济圈。2021 年，《省会经济圈"十四五"一体化发展规划》提到，省会经济圈将以济南为核心，推进淄博、泰安内核圈层同城化，辐射带动聊城、德州、滨州、东营联动圈层协同发展。

省会城市群经济圈是以省会济南为核心，与泰安、淄博、德州、聊城、滨州、东营周边 6 市组成的"1+6"都市圈区域。省会城市群经济圈地处京津冀和长三角两大区域经济板块之间，位于山东省东西两大片区的中间地带，京沪、胶济两大铁路干线在济南交会，京沪、京台、济青等高速公路都从这里经过，交通、信息网络完整。在山东省会、胶东、鲁南三个经济圈中，省会经济圈的城市数量最多，范围几乎涵盖了黄河下游山东段的大部分区域，山东沿黄 7 市除菏泽纳入鲁南经济圈，其余均已加入省会经济圈。根据山东省统计局发布的《2021 年山东省国民经济和社会发展统计公报》，省会经济圈 2021 年实现生产总值 31074.6 亿元，按可比价格计算，比上年增长 7.8%，对全省经济增长的贡献率为 36%。

济南，还是"济南都市圈"的核心城市。

都市圈和经济圈是两个不同的概念，都市圈与城市软实力的关联性比经济圈更大些。作为一种实体功能地域范畴，都市圈是一种在世界范围内具有普遍意义的城镇群体空间组合类型，是一个国家和地区介入全球竞争的基本单元。"都市圈"这一名词最早源自日本，概念则最早源于美国，是日本在美国"都市区"概念基础上，结合自身城市特点而形成的一个概念。中国学界比较认可的概念是，都市圈是以一个或多个中心城市为核心，以发达的联系通道为依托，由核心城市及外围社会经济联系密切的地区所构成的城市功能地域。

都市圈是城市地域空间形态演化的高级形式，也是城镇化进程中大城市区域化发展到一定阶段所出现的空间现象。一般认为，大城市区域化发展到不同阶段会出现都市区、都市圈、城市群、都市连绵区（大都市带）数种城镇空间组合形式。都市圈是都市区发展的高级阶段，其地域空间范围大于都市区。在中国城市管治背景下的都市区空间范围一般界定在中心城市行政管辖的地域范围内，而都市圈是跨市域的地域空间组织。都市圈是城市群形成发育的前期阶段，是城市群中核心城市及外围城镇形成的紧密联系区，可看作是城市群中的次区域。都市圈是都市连绵区（大都市带）的基本单元，而都市连绵区（大都市带）是若干个都市圈的有机整合体。

近年来，都市圈建设如火如荼，成为推进城乡协调发展、加快新型城镇化的重要载体。1986 年，国家计划委员会的研究报告建议南京组织跨省经济圈试点，我国从此开始了对都市圈的理论研究和实践。早在 2007 年，济南就曾制定过《济南都市圈规划》，其核心内容是发挥济南对周边市乃至沿黄和中原地区的辐射和带动作用，主动与山东半岛城市群总体规划进行了衔接，同时加强了与京津冀地区尤其是天津滨海新区的区域合作，以期通过借助天津新区发展的优势，带动济南都市圈特别是北部地区的快速发展。2014 年，出台《国家新型城镇化规划》，明确了"都市圈"概念。2019 年，国家发改委出台《关于培育发展现代化都市圈的指导意见》，提出发展"现代化都市圈"，明确了都市圈是指城市群内部以超大特大城市或辐射带动功能强的大城市为中心、以 1 小时通勤圈为基本范围的城镇化空间形态。2021 年，中国批复《南京都市圈发展规划》，南京都市圈成为中国第一个经国家批复建设的都市圈。

在构建国内国际双循环新发展格局中，都市圈和城市群是进一步促进经济增长的重要新动能。国家"十四五"规划中指出，要发展壮大城市群和都市圈，推动城市群一体化发展，全面形成"两横三纵"的城镇化战略格局。国家级城市群目前共规划了 19 个，以 25% 的土地，集聚了 83% 的常住人口，创造了 88% 的 GDP。国家级都市圈（发改委批复的都市圈发展规划）目前有 9 个，包括南京都市圈、福州都市圈、成都都市圈、长株潭都市圈、西安都市圈、重庆都市圈、武汉都市圈、沈阳都市圈，以及未公布的第九个国家都市圈。据清华大学中国新型城镇化研究院组编的《中国都市圈发展报告 2021》数据，中国 34 个都市圈，总面积约占全国比重的 24%，总人口约占全国比重的 59%，地区生产总值占全国比重的 77.8%。

国家发改委印发的《2022 年新型城镇化和城乡融合发展重点任务》中，提到的一项重点任务就是培育发展现代化都市圈。健全省级统筹、中心城市牵头、周边城市协同的都市圈同城化推进机制。济南地区生产总值五年跨越5个千亿大关,排名连续3年前移,至全国城市第18位,迈入特大城市行列,并有政策、区位等多重优势,对整个都市圈的辐射带动能力不言而喻。济南都市圈是省会经济圈里的一个紧密圈层,强调济南的协同引领作用,在省会经济圈内部构建以"一小时通勤圈"为基本范围,结构更加紧凑、同城化水平更高的现代化都市圈。

2022年,中共济南市第十二次党代会明确了都市圈一体化发展路线,提出要推动现代化济南都市圈崛起成势,打造国内领先的现代化都市圈。济南都市圈是以济南市为中心的经济区域带,地域范围包括济南(含莱芜区)、滨州(含邹平)、淄博、泰安、德州、聊城6个城市,总面积约5.3万平方公里,人口3219.4万。济南都市圈的总体定位是,将济南都市圈建设成为孕育齐鲁、开放创新的文化型都市圈;山水形胜、生态宜居的环境友好型都市

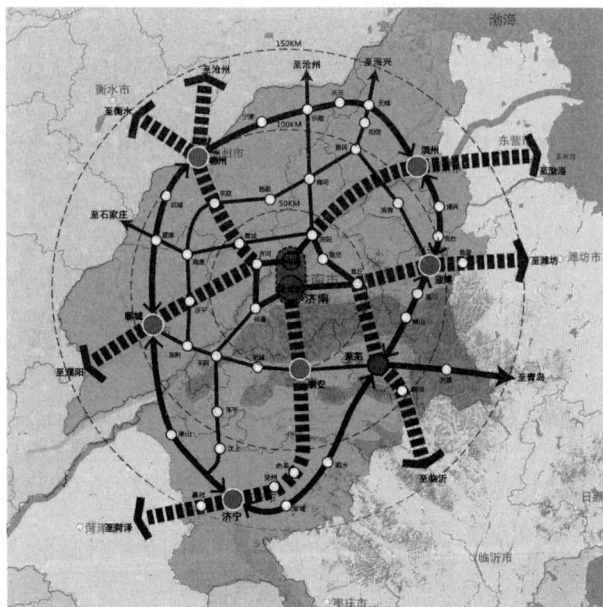

济南都市圈空间结构图

圈；环渤海经济发达地区联结长江三角洲地区、面向中原腹地的枢纽型都市圈；依托山东半岛城市群，辐射黄河中下游的强势龙头；环渤海南翼具有国际竞争力的基础产业、先进制造业和服务业中心。

根据《济南市国土空间总体规划（2021—2035 年）草案》，济南都市圈的核心圈层包括淄博、泰安、聊城、德州、滨州市的部分区域。济南都市圈之外是紧密圈层，即省会经济圈的范围，发挥资源配置中枢作用，引领省会经济圈协同发展，推动区域内产业协作、生态共保、设施互联、文化互鉴。济南都市圈的辐射圈层是山东半岛城市群，发挥新旧动能转换先行先试优势，带动鲁南地区转型发展；强化陆海统筹战略支点作用，推动济青联动发展。

一个成熟的都市圈，其中心城市辐射带动能力不仅体现在与都市圈内部其他城市的联系度，更体现在全国尺度的要素流动现象。同时，都市圈中次中心城市的崛起，使得都市圈整体呈现均衡的多核发展态势。济南都市圈尚处于加快一体化建设、提升发展质量的发展阶段，与成熟的都市圈相比仍存在较为明显的差距。山东省内三大经济圈中，济南都市圈集聚了最多的人口，但是都市圈整体竞争力不强。济南都市圈已经具有一定水平的经济总量，但是圈内各城市的经济发展水平参差不齐。从人口、经济总量及人均经济水平来看，济南都市圈的整体水平低于省内的半岛城市群。从地方财政收入、居民收入水平以及整体消费水平来看，济南都市圈不及半岛城市群富裕，但是作为中心城市的济南市，城镇居民收入水平和消费水平均位居省内第一。济南都市圈整体经济发展迅速，经济效益较好，但一、二、三产业比例结构不如半岛城市群先进。济南对外经济和进出口贸易虽有所增长，但是远远落后于半岛城市群，为其最大的劣势。济南都市圈内，中等城市综合实力需增强。

交通互通、产业互联、公共配套设施共享，是都市圈的基本发展模式。对于如何培育打造济南都市圈，《济南市新型城镇化规划（2021—2035 年）》从都市圈范畴、基础设施互联、产业分工、公共服务、区域协同、同城化发展等方面提出了推进路线。如基础设施互联部分，促进干线铁路、城际铁路、市域（郊）铁路、城市轨道交通"四网融合"，共建"轨道上的都市圈"；加快济南绕城高速公路二环线闭合；研究实施"莱热入泰""泰热入济"等供热管网项目，推进都市圈供热一体化。产业分工方面，建立利益分享机制，探索"双向飞地""异地孵化""共管园区"等跨区域产业合作新模式，共同打造现代产业链、供应链。推进基本公共服务便利共享，推动建设一批公共休闲空间。2022 年 2 月，山东发布的《山东省黄河流域生态保护和高质量发展规划》中，再次提出了重点加快推动济泰同城化、济淄同城化、济德同城化，打造全国数字经济高地、世界级产业基地、国际医养中心和国际文化旅游目的地。旨在通过以济南都市圈为龙头，以黄河中下游一体化发展为重点，形成与长江经济带南北呼应的黄金经济走廊。

　　济南都市圈的建设，需要不断打破城市之间要素流动的壁垒，也需要不断提升中心城市的首位度，让济南的辐射带动能力不断增强。如今，济南加快了提升国际国内影响力、区域经济带动力、高端资源要素集聚力、开放门户枢纽辐射力的步伐，建设"强省会"成为济南的一大发展战略。

济南的雄心

从当前我国区域协调发展的情况看，中心城市带动都市圈，进而带动城市群发展，已经成为必然趋势。作为省会城市，济南正谋求在提升省会辐射带动能力上实现新突破，通过加强与周边区域的优势互补和协同发展，力求提高在全国发展格局中的战略地位。从长远看，济南的发展前景正产生源源不断的聚合力和辐射力，足以支撑城市软实力实现跃迁。

省会城市作为所在省域的政治、经济、文化、教育、医疗、交通等各个领域的中心，是各地经济发展的龙头。在经济进入到转型升级新阶段后，省会城市的引领作用日益凸显，做大做强省会城市，使其充分发挥辐射引领作用、支撑带动全省以及所在城市群高质量发展，已是众多省份的共同选择。各地公布的"十四五"规划中，有不少省份突出强调"强省会"，作为2021年到2025年的战略规划目标，石家庄、福州、贵阳、太原、南昌等城市都在积极谋划做大做强省会城市。

在各地打造强省会的城市中，济南在省会城市生产总值占全省的比重这一方面比较靠后，省会对全省的带动引领作用仍有待加强。当然，首位度并不是越高就越好，也不是越低就越好。一些城市首位度高，与所在省域平原少，人口总量小，经济、人口主要集中在省会有关。济南的首位度的提升，应立足于做大做强自身的优势产业，打造自己的产业品牌和科技引领优势，侧重于更多发挥强省会对周边区域如都市圈、城市群的带动作用，从一体化协同发展中促进资源要素进一步合理多元化高效配置，提升区域整体竞争力。

济南作为黄河流域中心城市、山东半岛城市群核心城市、省会经济圈龙头城市，"强省会"地位不断凸显。2022 年 5 月，山东省第十二次党代会报告明确提出"加快省会经济圈同城化，实施'强省会'战略"。山东的"十四五"规划建议提出，要实施强省会战略，支持济南打造"大强美富通"现代化国际大都市，加快建设国家中心城市，高水平建设新旧动能转换起步区，为全省新旧动能转换蹚出路子、山东半岛城市群建设当好引领、黄河流域生态保护和高质量发展作出示范。

2022 年 12 月，山东出台《山东省建设绿色低碳高质量发展先行区三年行动计划（2023—2025 年）》，将济南的先行区建设作为全局性定位、全方位要求、全过程引领的重大战略，并明确提出提升济南、青岛城市能级，实施济南"强省会"、青岛"强龙头"战略。《行动计划》强调了经济圈和都市圈的发展和提升，提升路径也和之前有所不同。山东将实施区域协调发展战略和新型城镇化战略，加快提升中心城市综合承载力、辐射带动力与国际竞争力，以城市群、都市圈为依托构建大中小城市协调发展格局，构筑高质量发展的空间动力系统。要求 2025 年济南经济总量在全国主要城市中实现位次前移，在全省经济首位度达到 16%，常住人口达到 1000 万。对省会经济圈的其他城市，支持淄博建设全国新型工业化强市，打造全国老工业城市和资源型城市产业转型升级示范城市；支持东营建设国家绿色循环能源石化基地，打造大江大河三角洲保护治理示范区；支持泰安建设智能低碳发展示范区，打造山水宜居典范城市和国家级旅游休闲城市；支持德州打造融入京津冀协同发展示范区；支持聊城打造文旅融合的江北水城，建设冀鲁豫新兴枢纽城市；支持滨州打造国家级食品、纺织轻工产业基地，建设产教融合型、实业创新型"双型"城市。到 2025 年，省会经济圈地区生产总值达到 3.6 万亿元以上，常住人口达到 3800 万左右。健全跨区域合作发展新机制，推进设施共联、人才共用、产业共兴、市场共建、开放共赢、生态共保、社会共治。促进济南、青岛中心城市联动发展，协同带动淄博、烟台、潍坊相向发展，打造山东半岛高质量发展轴带。培育济青科创智造廊带、沿黄文化旅游生态廊带、鲁南物流能源廊带、运河文化经济廊带。启动新一轮突破菏泽、鲁西崛起行动。高标准建设国家级功能区和省级新区，鼓励跨市域相邻县（市、区）探索联动发展路径，支持建设济（南）临（沂）经济协作区，支持莱西—莱阳、滕州—邹城、钢城—新泰等毗邻县域打造一体化发展先行区。

2023 年 1 月，济南在全国率先出台地方性黄河流域生态保护和高质量发展规划——《济南市深化新旧动能转换推动绿色低碳高质量发展三年行动计划（2023—2025 年）》，明确了未来三年济南十大领域第一批 1301 个重点项目，总投资超过 2.4 万亿元。其中，仅 2023 年就有新开工项目 545 个，总投资超 6600 亿元。该计划提出了一系列重点任务、重大项目，为我们罗列了济南正在做的以及未来 2 年准备做的事情。

科技创新方面，济南将推进总投资 1920.83 亿元的 90 个重点项目。济南将加快建设齐鲁科创大走廊，高标准建设中科院济南科创城，积极推进电磁弹射微重力实验等大科学装置建设。发挥好国家健康医疗大数据中心（北方）等重大平台作用，支持广安门医院、山东大学齐鲁医院创建国家医学中心。构筑多层次实验室体系，谋划建设黄河流域（济南）水生生物监测实验室等黄河战略重点实验室。加强基础研究和关键核心技术攻关，开展量子科学、脑科学、合成生物学等重大原创性研究，实施高端芯片、人工智能、北斗星动能、氢进万家等科技示范工程。构建重大产业创新平台，积极创建空天信息领域国家技术创新中心。推进科创金融改革试验区建设，打造黄河技术转移中心。推动创建济青吸引和集聚人才平台，到 2025 年人才总量突破 300 万。

现代产业体系建设方面，济南将推进总投资 3110.49 亿元的 308 个重点项目。2025 年底前，济南将先期培育集成电路、工程机械、新能源汽车、透明质酸、生物质材料、空天信息等产业共同体。围绕构筑数字经济高地，济南将增强浪潮云洲等工业互联网平台影响力，建设"星火·链网"济南超级节点，建设超算中心、行业数据中心和产业大脑。济南将建设现代服务经济中心，优化覆盖企业全生命周期的支持政策体系。到 2025 年培育形成省级现代服务业集聚示范区 10 个、省级服务业创新中心 25 个、市级特色产业楼宇 30 栋，总部企业达到 200 家。增强信息技术服务国家级集群实力，创建生物医药产业国家级集群。加快建设比亚迪新能源汽车整车等项目，建成北斗导航、AIRSAT 卫星星座等未来产业标志性项目，到 2025 年国家级、省级集群达到 8 个以上。

扩大内需方面，济南将推进总投资 5420.69 亿元的 267 个重点项目。济南将建立绿色低碳高质量发展重大项目库，编制实施政府投资三年滚动计划，完善 PPP 项目清单发布机制，推进基础设施领域不动产投资信托基金（REITs）试点。加快山左环球直采保税展示展销中心、LAOX 跨境商品保税中心仓等项目建设，创建国际消费中心城市。拓展绿色消费、数字生活、生态体验等消费新场景新模式，推进一刻钟便民生活圈试点城市建设。推进国际陆港"公铁空水"四港联动，抓好国家物流枢纽和骨干冷链物流基地建设，协同临沂市共建国家综合货运枢纽补链强链城市。探索发展离岸贸易、易货贸易等新型贸易方式，获外贸进出口资质企业突破 1 万家，经济外向度提高到 20% 左右。

绿色发展方面，推进总投资 850.39 亿元的 96 个重点项目，其中续建项目 21 个，总投资 176.94 亿元。围绕加强生态保护修复和污染治理，济南将加快构建国土空间规划体系，抓好南部山区整治和黄河生态风貌带建设，加快推进 919 处、面积约 1996 公顷历史遗留矿山的生态修复治理。到 2023 年年底完成沿黄地区入河排污口整治。调整优化能源结构，推进国家电投黄河流域氢能产业基地、抽水蓄能电站等项目。提升能源资源和水资源利用效率，2025 年全市能耗强度较 2020 年降低 14% 以上。基本建成节水典范城市，城市再生水利用率提高到 50%。推动形成绿色低碳生产生活方式，到 2025 年新能源汽车保有量达到 15 万辆以上。2023 年年底前制定碳达峰工作方案，开展低碳、近零碳排放示范工程建设和碳监测评估试点。

中心城市建设方面，推进总投资 6551.23 亿元的 102 个重点项目，其中续建项目 33 个，总投资 3102.9 亿元。济南将塑强中心城市功能，到 2025 年全市常住人口力争达到 1000 万人，地区生产总值力争达到 1.5 万亿元。加快推进新型城镇化，争取商河县、平阴县纳入省级县城城镇化试点。全力推动济南新旧动能转换起步区建设，推进大桥组团城市副中心建设，推进城市轨道交通 7 号线一期等过河通道建设，谋划设立高铁北站。编制实施济南都市圈发展规划，促进济青"双核"联动发展，加强济南临沂对口合作。抓好济滨高铁、莱临高铁等项目规划建设和对上争取，加快城市轨道交通二期建设和三期研究报批，推进济南东站至济阳有轨电车项目和云巴示范线建设。推进济南至微山、庆云至章丘、济南至宁津等高速公路项目规划建设。

农业农村现代化方面，推进总投资 524.95 亿元的 94 个重点项目，其中续建项目 24 个，总投资 130.79 亿元。推进国家种子实验室济南基地、国家东部地区畜禽遗传资源基因库、小麦"核不育"和植物基因编辑等生物工程育种项目建设，引进 3—5 家国际一流种业集团或国内行业领先种业集团。培育章丘大葱、平阴玫瑰、莱芜生姜等特色品牌，创建国家优势特色产业集群，推进优质特色农产品全产业链数字化转型，打造农产品绿色供应链。推动农村产业融合，支持商河县、莱芜区创建国家级农村产业融合发展示范园。

深化改革方面，推进总投资 990.2 亿元的 48 个重点项目，其中续建项目 15 个，总投资 552.03 亿元。济南将争取国家要素市场化配置综合改革试点，力争在土地、劳动力、资本、技术、数据、资源环境等要素配置方面获得更多授权事项。做大做强民营企业，到 2025 年营业收入 100 亿元以上企业达到 15 家。健全外商投资促进、保护和服务体系，到 2025 年实际使用外资达到 35 亿美元左右。加快建设中欧（济南）绿色制造产业园。推进海峡两岸新旧动能转换产业合作区建设。参与山东中日韩地方经贸合作示范区建设。

文化方面，推进总投资 1509.71 亿元的 48 个重点项目，其中续建项目 13 个，总投资 499.03 亿元。济南将大力实施"提升城市软实力创建文明典范城"十大攻坚行动，高水平创建全国文明典范城市。推进"泉·城文化景观"申遗，推动以"二安"为代表的诗词文化保护传承和活化利用。打造齐长城、黄河国家文化公园，建设大辛庄考古遗址公园。规划建设市博物馆新馆、市城市规划馆、市档案馆新馆等文化设施。促进文化旅游融合发展。打造世界级泉水旅游标志区、泉城历史文化名城核心区和黄河文化旅游带，做好做多"夜游泉城"产品。

民生方面，推进总投资 3097.59 亿元的 210 个重点项目，其中续建项目 105 个，总投资 1666.84 亿元。济南将加强共同富裕系统设计，2023 年 6 月底前制定促进共同富裕的实施意见。开展"选择济南·共赢未来"等系列就业促进活动，努力促进充分就业。加强普惠性学前教育资源供给，到 2025 年普惠性幼儿园覆盖率达到 90%。加快山东大学龙山校区（创新港）建设，筹建空天信息大学。支持"互联网 + 医疗"等新服务模式发展，建好山东省互联网医保大健康服务平台。实施扁鹊精品专科（学科）创建计划。建设国家积极应对人口老龄化重点联系城市、青年发展型城市、国家儿童友好城市、国家婴幼儿照护服务示范城市。

发展和安全方面，推进总投资 125.74 亿元的 38 个重点项目，其中续建项目 11 个，总投资 37.34 亿元。不断优化落实疫情防控措施，最大程度保护人民生命安全和身体健康，最大限度减少疫情对经济社会发展的影响。确保农产品监测合格率保持在 98% 以上，确保成品粮油储备满足市场需求 15 天以上。健全煤电油气产供储销体系，建设自有煤炭储备基地和天然气储备基地。深入开展安全生产专项整治和隐患排查行动，坚决防范各类重特大事故发生。加强应急物资储备体系建设，健全完善避灾避险设施和应急避难场所。

随着黄河重大国家战略在济南落地起势，一座高质量发展的强省会正在建设中。但济南并不满足于强省会，它的目标是要争创国家中心城市。国家中心城市是一座城市的最顶层战略设计，济南市如果能争创国家中心城市，对济南市的强省会战略是一个很好的助力。

济南的雄心在《济南市国土空间总体规划（2021—2035 年）草案》中被归纳为四大战略定位：国家中心城市、中国北方新动能增长极、黄河流域生态保护和高质量发展示范城市、引领山东半岛城市群发展的新时代社会主义现代化强省会。到 2025 年，基本建成科创济南、智造济南、文化济南、生态济南、康养济南，新时代社会主义现代化强省会建设开创新局面；到 2035 年，基本建成新时代社会主义现代化强省会，建成全国重要的区域经济中心、科创中心、金融中心、贸易中心、文化中心；到 2050 年，全面建成新时代社会主义现代化强省会，成为活力迸发、开放进取的创新之都、人文厚重、包容大气的泉韵名城，绿色智慧、幸福宜居的生态典范。

从山东半岛城市群到黄河流域，从中国北方到国家，济南在各个层面和维度上都给自己设定了一个远大目标，谋划出了在国家战略和区域发展战略中的新使命。从中我们可以大致看到，这座城市未来几十年的发展方向和发展格局。在发展前进中，提升城市软实力的需求变得更为迫切。

底/蕴

软实力，
在重构中提升

DIYUN
RUANSHILI
ZAI CHONGGOU ZHONG
TISHENG

城市历史与文化基底

　　在城市发展和竞争中，城市软实力就是城市对内的凝聚力和对外的吸引力，具体可分为城市文化、公共服务和形象传播三个表现维度。其中，城市文化包含城市深厚的历史文化传统和独有的地域特色，以及城市的精神特质、创新能力、包容性、社会和谐等要素，塑造了城市居民的共同价值，是居民的黏合剂和城市文化影响力的来源。济南的历史源远流长，这既包括文明史，也包括城市建设史。济南保留有丰富的历史遗迹和文化资源，厚重的历史让济南生发出鲜明的城市文化特色，并成为城市软实力的基底。

　　城市文化特色是构成一个城市社会文化和物质环境的总体特征，体现了一座城市的生存优势。不同地域，基于地理环境和自然条件的特点，经过长期的历史过程，积累形成了文化背景差异，从而形成了明显与地理位置有关的文化特征。城市从建成之日起，就打上了各自传统文化和地域文化的烙印，不同自然环境、历史环境、社会环境中的城市有着不同的文化特色。这些特点反映到城市发展和建设上，就形成了城市的特色面貌，以及城市居民特有的行为方式和价值观念。

济南位于齐鲁文化的核心区域，其城市文化特色的基调是齐鲁文化，在此基础上混合了"泉城""省城"等特征，形成了济南独有且一直在不停发展的城市文化特色。齐鲁文化是中国文化发展和定型的必然结果，其流布区域大致在今山东省一带。远在新石器时代，东夷人就在这里创造了大汶口—龙山文化，其农业和制陶业在上古时代处于领先地位。夏商时期，这里经济文化已较为发达。到春秋时，周的礼乐文化在鲁国保留最为完好，齐国吸收了当地东夷文化并加以发展。齐鲁文化主要由齐文化和鲁文化构成。鲁文化依本周礼，呈现周孔之学肃穆、理智的风范，质朴务实，尊重传统，以原始儒学为基础。而齐文化依循周礼又多变通，呈现华丽活泼、开放融合和善于创新的风格，兼有阴阳家的空灵和儒家、法家注重功利的特点。齐文化与鲁文化既相近又有所区别，两种文化在发展中逐渐有机地融合在一起。

济南，因地处古四渎之一济水之南而得名，是远古海岱东夷文化区的重要组成部分，也是中国最早进入文明时代的地区之一。济南史前考古文化编年序列清晰，发展谱系一脉相承，形成富有地域特色的地方类型。考古发掘证明，远在 9000 年前的新石器时代早期，济南地区就已有了人类活动的踪迹，保存有大量的古遗迹。济南有多处距今 7300—6100 年的北辛文化时期的遗址，是山东省分布最为密集的地区。距今 6100—4600 年的大汶口文化时期，先民在济南地区的活动更加频繁，遗留下来分布较广、数量较多的遗址，如章丘的王官、焦家，长清的大柳杭，平阴的周河等。距今 4600—4000 年的龙山文化与大汶口文化一脉相承，因 1928 年在今济南市章丘区龙山城子崖首次发现而被命名。距今 3900—3500 年的岳石文化是继龙山文化之后发展起来的夷人文化，济南地区发现该时期遗址达数十处。

济南地处中原内陆与山东半岛之间，境内的济水、漯水在上古时代是民族迁徙和文化交流的重要通道。虞舜东夷族团西进中原，姒姓族团以及后来的商人、周人东进海岱地区，济南都是必经之地。济南是大舜文化的重要发源地，济南地区流传有大量关于舜的传说和遗迹。夏代，龙山镇城子崖一带建有较大规模的城市，该遗址是国内发现和确定的第一座夏代城址。商代，商人在济南建立聚居区，留有大量遗址，如大辛庄遗址等。西周，城子崖一带存在着谭国。中国首部诗歌总集《诗经》中，收有谭国一位大夫所作的讽刺诗《大东》，是现存最早的一篇有关济南的文献。

春秋时期，济南大部分隶属于齐国，小部分属鲁国，为齐国西南边陲重镇。到了战国，济南地区全部被纳入齐国版图。特殊的地缘关系，决定了济南兼受齐、鲁文化影响。春秋时期著名的齐晋"鞍之战"，即发生在今济南市区的北马鞍山一带。济南是中国长城文化的发端地，齐长城起点就在济南，境内的齐长城兴建时间最早、空间跨度最长、战略地位最为突出。济南人邹衍是战国时期齐国思想家，他创立了阴阳五行学说，对中国两千多年封建社会具有广泛而深远的影响。济南还是名医扁鹊的故乡。

秦统一天下后，今济南市区地属济北郡，称历下邑。西汉始置济南郡，郡治东平陵（今济南市章丘区平陵城），此为"济南"一名出现之始。汉武帝时，博士弟子、济南人终军曾先后出使匈奴和南越。东汉时，为济南国。灵帝时，曹操曾任济南相。建于东汉的孝堂山郭氏墓石祠，是我国现存最早的地面房屋建筑，其室内的画像及题字均为历史名碑。

魏晋南北朝时期，济南先后为魏、西晋、后赵、前燕、前秦、后燕、南燕、东晋、刘宋、北魏、东魏、北齐、北周辖境，变化频繁。其间，济南郡治于西晋永嘉末年（313年前）从平陵（即东平陵）迁至历城（今济南古城一带）。从此，今济南市区成为历代郡国、州府的行政中心。刘宋元嘉九年（432年）在济南郡侨置冀州，济南为州、郡两级治所。北魏皇兴三年（469年），改侨冀州为齐州，辖济南郡、东魏郡、太原郡等6郡35县。北朝时期，济南的崔氏、房氏等都是重要的文化世家。

隋开皇三年（583年）撤郡并县，改济南郡为齐州，辖历城等10县。大业三年（607年），齐州改称齐郡。唐朝建立后，复称齐州，辖历城、章丘、长清等6县。唐中叶天宝年间，齐州曾一度改称临淄郡、济南郡。隋唐时期，佛教在济南十分兴盛，留下众多的佛教胜迹。四门塔为全国现存最古老的石塔，与其附近的千佛崖石窟造像、龙虎塔、九顶塔等均被列为全国重点文物保护单位。始建于北魏的灵岩寺，唐代鼎盛一时。唐代高僧、长清人义净，继玄奘之后赴印度取经，译佛经百余部。五代时期，济南仍称齐州，先后为梁、唐、晋、汉、周的辖境。

宋开国后，齐州先后属京东路和京东东路。政和六年（1116年），齐州升为济南府，辖历城、章丘、长清等5县。社会的长时期相对稳定，使城市建设发生了巨大变化。诗人黄庭坚曾以"济南潇洒似江南"的诗句赞美济南城区的风光。曾巩、苏辙等文人都曾在齐州任职，对济南的山水风光多有题咏。北宋时期济南的泰山学派和东州逸党，曾闻名于世。北、南宋之交，济南籍词人李清照、辛弃疾先后称名于世，被誉为济南"二安"，蜚声文坛。建炎二年（1128年）后，济南被金朝所据，仍为济南府，辖7县，属山东东路。其间，曾一度为原济南知府刘豫建立的伪齐辖境。这一时期曾在城北开凿小清河，直通至海，使济南成为重要的盐运集散地，对后世本地经济的发展产生了重大影响。1161年，爆发了耿京、辛弃疾领导的农民起义。随后，红袄军及杨妙真领导的起义军均在济南地区活动过。

元初，改为济南路，直隶于中书省。至元二年（1265年），辖棣州、滨州2州及历城、章丘、济阳、商河等11县。元代，济南是山东东西道肃政廉访司治所，是山东地区的监察中心。金元之际，散曲家、济南人杜仁杰曾多次同文学家元好问共游济南。元代，济南文风日盛，著名者有宋、辽、金三部正史的总裁官张起岩，戏曲作家武汉臣、康进之，散曲作家刘敏中、张养浩等。赵孟頫曾于至元二十九年（1292年）任同知济南路总管府事，以济南城区附近的景观为主题，创作了《鹊华秋色》图、《趵突泉》诗等众多传世名作。

明初，济南路复称济南府，辖泰安、德州、武定、滨州4州及历城、章丘、长清、济阳、商河等26县。置山东行省后，济南成为山东省会，山东布政使司、都指挥使司及按察使司驻济南，是山东的政治、军事、经济、文化中心，全国重要的中心城市之一。清初，沿明朝建置。雍正二年（1724年）、十二年（1734年）调整区划，济南府改辖德州和历城、章丘、长清、济阳等1州15县。明清两代，济南经济发展较快，成为具有一定规模的商业城市。与之相适应，济南文化事业发达，一批著名文人学者应运而生。明代文坛"前七子"之一、历城人边贡，"后七子"领袖李攀龙，都是济南人，他们对明代文坛产生过较大影响。戏剧作家李开先有《宝剑记》等传世，著名学者周永年是《四库全书》的主要编纂者之一，马国翰编著的《玉函山房辑佚书》是中国辑佚学的皇皇巨著，其他如许邦才、殷士儋、于慎行等人均在文坛享有盛名。

济南城市的现代化发端于清末。1904年，胶济铁路开通，可以乘铁路直达青岛港，济南成了重要的铁路、水路转运地。这一年，济南自开商埠，在济南古城外规划兴建了一片新城区。此后，现代工商业迅速发展起来，延至民国曾一度成为北方最大的棉纺织生产中心、面粉生产中心。1911年末，津浦铁路黄河大桥建成通车，济南又成为南北交通枢纽。在此前后，德、日、英等国先后在济南设领事馆，开办银行、商店、教会、学校、医院，济南由封建社会的省会，逐步迈向现代国际化城市。

民国初年，撤销济南府，置岱北道，辖27县。1914年岱北道改称济南道，辖县未变。1919年，济南各界围绕巴黎和会上的"山东问题"展开罢工、罢市、罢课斗争，成为五四运动的策源地和重要活动地。五四运动后，先进知识分子很快接受了马克思主义。1921年春，王尽美、邓恩铭建立了济南早期共产党组织，并于当年7月参加了在上海召开的中国共产党第一次全国代表大会。中共济南党组织成立后，不但领导了济南工人运动，而且积极开展反帝反封建的革命宣传和其他形式的革命斗争。1925年，济南改辖历城、章丘、长清、济阳等10县。1929年7月，析历城县城厢及其四郊，历史上第一次设立济南市。当时，济南市面积175平方公里，人口40余万。1948年9月，中国人民解放军解放济南，济南的历史从此翻开了新的一页。

中华人民共和国成立后，济南进入社会主义新时代。中共山东省委员会、山东省人民代表大会、山东省人民政府、政协山东省委员会、济南军区和山东省军区机关均设驻于济南，济南继续保持着山东省的政治中心地位。

济南这座城市历史悠久，文化根基深厚。济南城市的核心城区，有4000余年的人类活动史，2700余年的建城史。在2000多年的历史长河中，济南城从未发生过移城、废弃的情况，城市规模不断扩展，政治、文化、经济地位不断上升，从齐国的边邑小城，一步步发展成为中国北方大都会。城市历史的不断延续、发展，形成了济南这座城市的特色文化，渗透到城市建设、城市文化、城市习俗等各方面。众多流传至今的人文景观、街巷建筑，以及文化著作、文学艺术作品、民间传说、风俗习惯、非物质文化遗产等都成为城市文化的组成要素，充分体现出济南地域文化的特色和底蕴。

济南建设城市软实力的方向，更多的是倾向于文化软实力，所以我们先从这座城市的历史里找寻城市的文化基因。需要指出的是，正因为济南有久远的历史和绵长的文化，所以济南的城市文化特色才需要在不断变化中得以发展和延续。在当代，城市文化特色的确立，首先在于对城市文化有深入的发掘和正确的认知，这基于对城市的热爱和城市文化的感召。在认知的基础上，才是保护，结合当下城市发展需要进行保护和传承。这一更迭重塑的过程，就是城市文化特色延续的过程，也是城市软实力的提升过程。

城市文化特色是长期以来城市外在形象与内在精神的有机统一，它包括城市人文景观和城市文化遗产。

城市人文景观是独特的人文环境的物化形式，是城市传统文化和地域文化的集中体现，也是城市风貌与文化特征的完美结合，更是历史文化与现代文化的有机统一。尤其是城市建筑个性和街区布局，更容易表现出城市的特色，凝聚城市的历史、传统和风貌。济南城因泉水而建，是举世闻名的"泉城"，人与城傍泉水而居，自建城起就一直是一座宜居的城市。千百年来，上千处的泉眼和上万首的咏泉诗文，以及众多的泉水传说、泉水故事、泉水习俗、水神崇拜信仰，共同构成了丰富多彩的泉水文化。济南城市景观肇兴于两晋南北朝，在北宋时期成为园林之城，并延续至今，山、泉、湖、河、城构架了城市的基本风貌。济南古城发端于两汉，定型于宋代，并在明代将城市规模和政治地位基本固定下来，历经六百多年没有发生过大的变化，济南独具一格的泉城景观特质和城市文化被不断强化。济南自开商埠后，本土建筑在近代化进程中开始了继承和创新的探索，出现了大量的中西合璧的近代建筑以及现代化城市街区。济南市域范围内，特别是历史城区和名镇、名村、传统村落分布有大批珍贵的历史文化遗存，有全国重点文物保护单位30处、省级文物保护单位171处、市级文物保护单位名录236处。众多的历史建筑和老街巷，承载着不可再生的历史信息和宝贵的文化资源，代表了济南能够看得见的、凝固的历史，是城市风貌特色的具体体现。

　城市文化遗产是城市特色内涵的集中体现，展现了独特的城市文化和民俗风情，是城市品格和精神的源头。每座城市都存在着深层次的文化差异，济南有独特的文化遗产和历史记忆。如汉代济南人伏生口授今文《尚书》，使之得以流传后世，开创两汉今文经学之先河。中国 24 部正史中，有 9 部是由济南人主持编纂或参与编纂完成的。济南出生的著名文人非常多，如唐代的崔融，宋代的李清照、辛弃疾，元代的杜仁杰、张养浩，明代的边贡、李攀龙、李开先，清代的王士禛、田雯等。济南称"诗城"，明代以边贡、李攀龙为首的历下诗派，以李开先为核心的章丘富文堂词会，清初王士禛的秋柳诗社，以及清中叶的鸥社，都是具有鲜明地域特色的诗歌流派和文学团体，在很大程度上体现了济南文化的形象和风格。历史上的济南俗尚文儒，兴学重教之风久盛不衰，闵子书院、历山书院、湖南书院、泺源书院、尚志书院等都是驰名齐鲁乃至全国的著名书院。明清以后，济南成为山东科举的中心。近代以后，济南是我国现代教育的重要发源地，在全山东乃至全国一直居于领先地位。历史上的济南，是一个宗教文化发达、多元宗教并存的城市，如十六国南北朝时期的朗公寺是中国北方佛教文化的中心，金元之际的济南是全真道在鲁中传播的中心。此外，济南也是山东省最早传入伊斯兰教、天主教的地区之一。风俗方面，济南是中国饮食文化的重镇，济南菜是构成鲁菜的两大支系之一。济南是近代北方重要的演艺中心，民国年间与北京、天津并称，有"曲山艺海""书山曲海"的美誉……今天的济南，依旧将这些独特的文化内涵作为这座城市的特色资源和精神源泉，从未失掉城市的文化个性。

存续独具特色的城市风貌和城市文化，是每一座城市都要面对和

重视的发展问题。城市要发展，城市软实力要提升，城市文化特色不
仅不能丢弃，还要结合发展实际予以重构。在这一点上，济南一直非
常积极，并采取了一系列的措施和办法。但就成效而言，继承有余，
重构不足，在提升对内的凝聚力和对外的吸引力上，济南还有更多的
路要走。

历史文化名城

城市是不同时代的建筑、景观、文化与城市空间的结合。不同城市由于历史、区域、规模的不同，便具有了不同的空间属性和城市风格。当然，富有生气的城市空间并不是单纯由物质因素决定的，它的本质在于满足生活、生产需求，并方便人们的相互交往，使居民获得归属感、认同感和安全感。城市的精神属性由人的心理需求所决定，而人的心理需求是建立在这个城市的历史及文化体系之上的，包括城市居民的归属感、认同感和安全感。城市的历史越深厚、文化越丰富，就越能满足人们的这种精神需求，城市所产生的凝聚力和吸引力就越大，其展示出的城市软实力也就越强。

一座城市在演进过程中，会形成独特的生活方式并留下大量的历史印记，这是城市特质的重要组成，也是不同城市区分彼此的重要标志。中国有许多历史文化名城，保留了很多历史遗迹。千百年来，这些城市中生活的人们，以及到过这里的人们，都会对城市有极为深刻的印象，并产生一定的情感变化。当今，城市建设的高速发展，使城市文化特色和城市空间日益趋同。新建城市大多千城一面，缺乏城市文脉以及城市精神属性的塑造。而那些历史文化资源丰富的城市，很多都被建设热潮破坏了城市传统的景观及文化遗产，城市保留的历史痕迹越来越少，留存的地域文化和情感无法在城市空间中充分释放。

济南是国务院 1986 年公布的第二批国家历史文化名城，保护城市历史风貌，赓续城市文脉，是济南这类历史悠久的城市提升城市软实力和城市品质的捷径及必要方式。这并不与城市发展相矛盾，而是高质量发展的必然要求。2021 年 9 月，中共中央办公厅、国务院办公厅印发《关于在城乡建设中加强历史文化保护传承的意见》，这是1982 年国家历史文化名城制度建立以来，中央对历史文化资源全方位保护的首个重要的国家文件，要求在城乡建设中系统保护、利用、传承好历史文化遗产，做到空间全覆盖、要素全囊括，既要保护单体建筑，也要保护街巷街区、城镇格局，还要保护好历史地段、自然景观、人文环境和非物质文化遗产。

济南是中国历史文化名城中唯一一座泉城共生的名城，同时又是中国近代自开商埠较为成功的城市之一，历史文化资源丰富。成为国家历史文化名城后，济南更加重视名城保护工作。采取了建立历史文化名城保护联席会议制度，设立历史文化名城保护专家评审委员会等措施。近年来，济南出台了《济南市历史文化名城保护条例》《济南历史文化名城保护规划》《芙蓉街—百花洲历史文化街区保护规划》《将军庙历史文化街区保护规划》《芙蓉街—百花洲、将军庙两个历史文化街区及周边城市设计》等一系列关于名城保护的文件。

济南纳入历史文化名城保护的范围比较广，具体包括：历史城区的自然格局和传统风貌；古城、圩子壕保护区、商埠区；历史文化街区、传统风貌区；历史文化名镇、历史文化名村、传统村落；历史建筑；不可移动文物、地下文物保护区、名泉、山体、湿地、古树名木、传统地名、工业遗产和法律法规规定的保护对象。济南还进一步开展要素普查和评估，将保护对象细化。逐步建立全生命周期保护名录制度，通过保护名录对保护对象进行分类保护、分级管理，启动保护对象名录的普查、申报、认定、公布、建档、告知、监管的全生命周期管理，并结合普查工作，启动实行预保护名录管理。

济南历史文化名城的地理范围十分大，具体可概括为一核、五廊、十片的总体格局和山、泉、湖、河、城一体的整体风貌。"一核"即以历史城区及其周边为核心的中心城区，历史城区具体范围为东至历山路、南至经十路、西至纬十二路、北至胶济铁路，总面积18.6平方千米；"五廊"是市域范围内的五条文化遗产廊道，包括胶济铁路文化遗产廊道、小清河文化遗产廊道、玉符河文化遗产廊道、绣江河文化遗产廊道、黄河文化遗产廊道；"十片"是市域范围内的十个遗产聚集区，包括洪范泉村文化遗产聚集区、榆山交通重镇文化遗产聚集区、方峪村寨文化遗产聚集区、灵岩寺泉茶文化遗产聚集区、摩崖造

像文化遗产聚集区、华山华阳宫古建筑文化遗产聚集区、云台寺泉水
寺观文化遗产聚集区、三涧溪百脉文化遗产聚集区、相公庄镇章丘故
城文化遗产聚集区、朱家峪古村落文化遗产聚集区。

近年来，济南将历史文化名城保护纳入了城市整体发展战略和规
划中，促进保护与更新相融合，实现历史城区保护与复兴，使之成为
丰富城市空间特色、提升城市软实力的强大助力。在历史文化名城保
护规划中，构建了市域、历史城区、历史文化街区及风貌区、文物及
历史建筑、名泉文化景观、非物质文化遗产共六个层次的历史文化名
城保护体系。

党的十九届五中全会以来，"实施城市更新行动"成为党中央准
确研判我国城市发展新形势后，对进一步提升城市发展质量做出的重
大决策部署。城市更新的内涵已远远超出传统空间建设领域，它既是
对各地历史文化名城保护条例的具体落实，又是保障城市资源高效、
公平配置的复杂系统工程。2022 年，济南制定了《济南市城市更新专
项规划（2021—2035 年）》，将历史文化名城保护与城市更新融为一
体。城市更新包括对空间资源的全域统筹、对产业功能的系统升级、
对标杆项目的设计运营、对历史文化资源的保护利用、对建筑风貌的
精细管控，以及对支撑系统的全面优化。济南构建了"历史城区""二
环以内""中心城区""市域范围内其他城区"四大更新圈层，推动
历史文化名城有机更新，提升城市空间环境品质。规划强调了要保护

济南历史文化遗产及其历史环境的真实性、完整性，保护和延续济南历史文化名城的总体格局和风貌，彰显济南山、泉、湖、河、城一体的风貌特色。

对于历史城区，突出保护优先，严格落实历史文化保护底线要求。加强芙蓉街—百花洲、将军庙、山东大学西校区3处历史文化街区及商埠区"一园十二坊"传统风貌区等历史文化要素保护，恢复老城肌理格局及传统风貌，提升空间环境品质，改善基础设施条件，严控新建项目高度、体量及规模，探索可持续的更新实施模式。历史城区以外的二环以内地区，突出优化肌理，着力提升综合承载功能。持续疏解老城非核心功能（包括疏解一般制造业、普通仓储物流、区域性批发市场等）。推动工业动能转换，发展创新产业，改造升级老旧商业区。将旧住区及城中村，公园、山体、流域等景观地区，重要道路、轨道沿线空间，古城、商埠区、泉城特色风貌带等重要风貌区和小清河特色文化带等作为重点更新区域。二环以外的中心城区，突出产城融合，持续完善城市功能布局。以旧住区、旧村庄及旧厂区更新为重点，保障高精尖新技术产业用地供给，积极发展高端制造业，推动济南国际医学科学中心、长清大学城等重点区域更新。市域范围内其他城区指的是章丘区、济阳区、莱芜区、钢城区、平阴县、商河县的城区，突出协同更新，提高综合服务能力。历史文化名城将在城市更新中得以延续、重构，并焕发出新的活力。

　　根据规划，济南在历史城区范围内，重点推进芙蓉街—百花洲、将军庙历史文化街区及商埠区渐进式更新，防止大拆大建和过度商业化。围绕"济南泉·城文化景观"申遗，实施环境整治，恢复泉水文化景观。重点实施泉水申遗环境整治、泉水展示系统、泉水周边业态升级、泉水空间活力提升等各项更新工作。同时，加快推动沿黄地区城市更新，对汉济北王墓、东阿古城等沿黄重要文化遗迹实施保护与修复工程，整合沿黄自然生态人文资源，展现黄河风采、齐鲁风范、泉城风韵。塑造"显山露水、整体和谐"的城市形象，全面提升城市风貌。加强"一湖一环"周边、小清河沿线等重点地区的建设指引，彰显山、泉、湖、河、城一体的城市特色。结合机场、铁路客站等交通枢纽建设及周边片区更新，打造具有济南特色的门户形象。

　　济南确定了对历史文化遗产采取保护改善的更新方式。历史文化遗产包含市域范围内的 1 处历史城区、3 处历史文化街区、1 处传统风貌区、66 处省级优秀历史建筑（其中 56 处已公布为文保单位）、148 处市级历史建筑（其中 7 处已公布为文保单位）。

　　对于历史文化街区，济南采取了保护改善为主的更新方式，保护泉水要素体系，塑造泉水之城自然生态特色等。同时，全面促进社区复兴、民生提质。控制腾退比例，保护能够体现城市特定发展阶段、反映重要历史事件、凝聚社会公众情感记忆的既有建筑，延续社会结构与社群完整性，留住街区的生活气、烟火气、精神气。结合传统文化传承利用，引导历史文化街区内开展利用和经营等活动。结合片区发展定位、历史文化街区现状特征、居民腾退意愿与历史文化街区相关规划要求，优先征收重要文物和历史建筑，重点地区进行申请式整院腾退，腾退空间优先补齐地区公共服务设施并传承展示传统文化，探索居民自主申请住房改善路径。

对于历史建筑，采取保护改善的更新方式，以保护为基础，活化利用历史建筑。将历史建筑优先纳入更新片区或更新项目中，发挥历史建筑的文化展示功能，促进历史文化保护与城市更新协调发展。鼓励利用历史建筑进行文化遗产展示，支持历史建筑的合理利用，在符合保护要求的基础上利用历史建筑开设博物馆、陈列馆、纪念馆、传统作坊以及开展商业、民宿等活动。引入社会力量和资本，加强历史建筑活化利用。

目前，济南正以古城和商埠片区保护提升为重点，实施济南古城片区、洪家楼、上新街及周边片区、老商埠片区、西护城河—泺源造纸厂等城市更新项目。

以古城片区为例，济南古城是济南两千余年建城史的见证，该片区包括芙蓉街—百花洲、将军庙两大历史文化街区，总占地面积41.78公顷，现有居民5000余户，有144处省市区各级文保建筑。区域内有芙蓉泉、腾蛟泉、濯缨泉等泉水水系80余处，其中历代七十二名泉19处，是世界唯一的冷泉人居生态样本。济南古城的保护改造始于 2013 年，先期启动了百花洲以南一带的保护改造工作，同期开展将军庙历史文化街区沿泉城路一带的规划研究工作。近年来，济南先后投入 10.5 亿元，在古城地区实施了首个零散棚户区改造工程；完成了百花洲及双忠祠街、芙蓉街等 13 条老街巷的整治工程和状元府、题壁堂、寿康楼、督城隍庙 4 处省级文保建筑的征收和修缮工作，试点推进文庙广场、县西巷微绿地、运署街口袋公园改造升级。2022 年，济南古城城市更新项目正式启动，项目将拆除征收范围内与古城风貌不符的建筑，对具有历史价值的建筑进行改造提升，同时新建部分商业载体。2020 年，济南古城被评为"2020 非遗与旅游融合发展优秀实践案例"。同年，被山东省住建厅列入 2019 年城市品质提升试点项目名单。2021 年，济南古城被认定为 2021 年山东省现代服务业集聚示范区。古城片区被国家文旅部认定为"国家级夜间文化和旅游消费集聚区"，被省发改委认定为"山东省现代服务业集聚示范区"，古城内百花洲园区被国家文旅部授予"国家级旅游休闲街区"称号。2022 年 6 月，山东省住房和城乡建设厅、省文化和旅游厅联合公布山东省历史文化保护传承示范案例名单，芙蓉街—百花洲历史文化街区、将军庙历史文化街区入选示范案例。

与古城并重的商埠区，是济南近现代城市化进程的见证，汇聚了众多商业老字号及国家级文保历史资源，是济南城市发展历史脉络的重要承载区。然而随着城市区域功能的变迁，商埠的经济、文化及城市空间建设逐渐衰退，失去了城市应有的活力，历史建筑保护与利用亟待加以引导。商埠片区的相关规划研究始于 2013 年，当时提出的是"三经六纬、一园十二坊"，即经二路、经三路、经四路和纬三路、纬四路、纬五路、小纬六路、纬七路、纬八路 9 条历史街巷围合而成的十二个小街坊。但相对于古城片区，商埠保护和改造工作要慢得多，资金投入也少很多。2020 年 7 月，济南市委十一届十一次全会提出了构建"东强、西兴、南美、北起、中优"城市发展新格局。保护和复兴老商埠、注入新活力，是"中优"的重要实施内容，商埠片区改造更新成为市级战略。2021 年 11 月，济南市自然资源和规划局对"一园十二坊"传统风貌区保护规划进行公示。根据规划，"一园十二坊"传统风貌区东至纬三路、南至经四路、西至纬八路、北至通惠街，总用地面积约 47.9 公顷。其中，划定核心保护范围面积约 21.8 公顷，划定建设控制地带面积约 26.1 公顷。对于"一园十二坊"，既定的发展定位是对标济南东部中央商务区（CBD），打造中央文化休闲区（CRD）。根据功能发展意向，将"一园十二坊"传统风貌区划分为老字号商业服务区、综合服务配套区、传统民俗商业区、传统院落体验区、多元文化展示区、绿化休闲游憩区等区域。相对于保护，商埠更侧重于功能品质的提升。商埠区将延续城市文脉，完整保留商埠区城市肌理、街区风貌，加大历史建筑保护修缮力度，支持老字号传承创新，集中展示城市近代文明。突出商埠区风貌特色延续，适度开发商业商务载体，积极发展时尚经济、创意经济、流量经济等新经济模式，重塑空间形态和文化生态，提升城市功能品质，激发商埠区发展活力。

就历史文化名城而言，城市的历史风貌既要保护好，也需要注入新的活力，找到新的视角，实现创新性发展。如今，济南正在不断强化其作为历史文化名城的地位，在加强对文化遗产的保护和传承的同时，将转化和创新当作目标和手段，名城保护工作已成为城市发展的基本路径之一。而这种发展方式的延续，将在未来快速提升城市软实力，让城市的历史文化资源在新时代焕发新生、绽放光彩。

"泉城"与文化景观

在济南，日常水位变化也能成为市民长期关注的热点，政府相关部门每天都会发布趵突泉及黑虎泉地下水位数据。而大部分游客来济南旅游的目的，也是为了看泉。泉的话题，实现了城市对内的凝聚力和对外的吸引力的统一。泉，是济南最绚丽的城市名片，也是它区别于其他城市，独具特色的软实力之一。

济南地区的泉水属于岩溶泉类型，岩溶大泉及泉群的发育是我国北方温带岩溶区突出的自然地理和水文地质特征之一，济南就是岩溶泉的典型代表。济南泉水数量众多，全市分布有十大泉群，现有泉水1209处，其中名泉总数达950处。因为泉与城长期共生，这一自然景观承载了大量的历史文化信息，成为一个体量庞大的文化景观。合理利用开发泉水文化景观资源，丰富泉水利用模式，建设以泉水文化为主题、串联主要泉水景观节点的特色魅力泉道空间，大力推进泉水旅游，打造富有泉城特色的旅游消费目的地，是济南正在开创的保护与合理利用共赢的新局面。

泉水是济南的一张名片，是济南文化软实力资源中最有价值的文化品牌。济南系统打造泉水品牌之路始于 2013 年。这一年，济南将原有的以泉为特色的趵突泉公园、五龙潭公园、大明湖公园、环城公园整合为天下第一泉风景区，并申报国家 AAAAA 级旅游景区，"天下第一泉"这一品牌从此为全国所熟知。同一年，由市政府主导的首届济南泉水节开幕，节庆和城市融为一体、相互提升，泉水成为彰显城市魅力、凝聚城市精神的品牌。2018 年开始，济南泉水节升级为"济南国际泉水节"，以敬泉大典为开幕式，增加了一系列国际高端峰会、活动、赛事，凸显国际化、高端化和特色化，进一步提升了济南的城市知名度、美誉度和国际影响力。

济南国际泉水节是目前济南活动内容最多、持续时间最长的品牌文化活动。以 2022 年第十届济南国际泉水节为例，这届活动恰逢中秋节，又衔接国庆七天长假，活动时间长达一个月，是历届泉水节举办周期最长的一次。泉水节除以往的花车巡游、定向寻泉赛等经典活动项目外，还打造星空赏月节、泉城夜八点等多个新的活动项目，并在 7 个分会场举办诸如运动、文创、研学、市集、游玩等内容的活动。因新冠疫情防控需要，这届泉水节的启动仪式以线上形式进行。并在线上设置了"云端赏泉"等活动，观众可以线上观赏泉水视频，也可线上参与文创作品设计，使不能到现场的观众实现"云参与"。如今，济南国际泉水节已经举办了十一届，各项活动不仅是彰显了泉文化，更是济南文化建设成果的集中展示。它不断增强着济南的吸引力，提升了市民的文化自信、文化自觉和文化自豪感。当然，对于城市软实力来说，泉水节还未发挥应有的提升作用。经过十年的培育，该项活动的品牌价值仍未完全发挥出来，全民参与程度较低、在全国范围内影响力弱、活动缺乏活力和创新都是该活动有待解决的难题。

对城市软实力而言，济南能持续叫响的城市品牌并不是泉水节，而是不声不响一直持续进行的泉水直饮工程。

泉水直饮工程是一种体验型城市福利，在保障泉水正常喷涌和不影响保泉工作的前提下，让更多的市民可以喝到泉水。这既是惠及民生的城市福利，也是城市文化特色。泉水融入市民生活，产生更多的情感认同，极大地提升了城市公共服务形象和城市吸引力。在协调当代城市生活与亲近泉水的关系上，济南开创了一个非常好的示范。

泉水直饮出现始于 2015 年。这年 5 月，济南市历下区在泉城路片区正式启动泉水直饮项目建设工作。至 2016 年 9 月 30 日，100 个泉水直饮点全部建成并投入使用。在东至黑虎泉北路，西至趵突泉北路，南至黑虎泉西路，北至明湖路的历下区泉城路片区范围内，几乎每隔 100 米就能看到一处融入济南传统文化特色、风格各异的泉水直饮点，游客可以在这些街巷中随时饮用到泉水。

2017 年，泉水直饮列入当年市领导牵头的十五个重大调研课题，《政府工作报告》中明确提出实施泉水直饮试点工程。济南开始在具备条件的小区开展泉水直饮工程试点。至 2020 年，泉水直饮试点工程完成了 16 处泉水直饮工程试点建设项目。2021 年 2 月，济南出台《济南市市民泉水直饮工程实施方案》，进一步明确了泉水直饮工程的总体目标、工作原则、实施范围、实施条件、实施步骤及保障措施，为泉水直饮工程的顺利实施提供了制度保障。截至 2021 年底，济南市累计建设完成 36 处泉水直饮工程，实现年供水量 3.7 万吨，服务用户约 3.5 万户，供水人口 10 余万人。2022 年，济南市为民办实事项目又将市民泉水直饮工程列入其中，出台了《济南市泉水直饮管理服务规范》和《济南市泉水直饮工程技术标准》，从源头保证泉水直饮工程的供水安全，有序推进泉水直饮工程建设运营。

2022 年 5 月，济南市政府印发了《济南市市民泉水直饮规划（2021—2025 年）》，包含"济南市泉水直饮工程总体规划"及"出流后泉水观后直饮工程""济南起步区泉水直饮工程"两项专题规划。总体规划的范围包括历下区、市中区、槐荫区、天桥区、历城区、高新区和新旧动能转换起步区，其水源是就近取用地下水。

根据出流后泉水观后直饮工程规划，利用趵突泉出流后泉水为主要水源，普利门水源井为备用保障水源，服务范围包括泉城广场、绿地中心广场、万达广场、市政务服务中心、火车站广场、长途汽车站等，预计服务人口 20 万人次 / 日，设计日供水能力 500 立方米（远期1000 立方米）。"十四五"期间，济南新建泉城路、共青团路、经四路、纬二路、天成路、济泺路、明湖西路等原水管线，让更多市民和游客享受泉水直饮带来的方便和福利。

根据起步区泉水直饮工程规划，规划选取黄河南岸泉城特色的优质地下水富水区，通过原水管线穿黄工程实施泉水直饮建设。起步区将新建住宅项目、在建安置房、租赁住房、商品房等住宅项目，直管区内行政单位、事业单位、国有企业办公场所，教育医疗等公共服务项目，以及车站、公园、广场等公共场所新建项目，全部纳入直饮水推广覆盖范围，让新城区的市民享受优质泉水和直饮水带来的福利。

到 2025 年底，济南将建设 227 处泉水直饮工程（包括既有项目 107 处，新建项目 120 处），覆盖 35 万户约 100 万人，预测日供水量 6500 立方米。到 2030 年，济南泉水直饮工程将覆盖 70 万户约 200 万人，预测日供水量 13000 立方米。泉水直饮已从最初改善旅游体验福利性工程，发展成为提升宜居指数的城市品牌。

在泉的基础上，可以扩展产生多方面的价值。在城市规划方面，济南将泉纳入城市空间结构与城市体系，泉文化不再只是历史城区的特色，更为新建城区的公共空间和文化风貌带来了鲜活的生命力。

为加大泉水保护力度，济南早在 2005 年就颁布了国内唯一的泉水保护地方性法规《济南市名泉保护条例》。2017 年，《济南市名泉保护条例》重新修订，明确"山体、河流水系、重点渗漏带、直接补给区"四条生态控制红线，并在泉水直接补给区内划定禁止建设区和限制建设区。2018年，全国第一部以泉水为主题的专项规划《济南市名泉保护总体规划》颁布。规划从保护泉水生态循环全过程和彰显泉水文化软实力两个方面入手，着力"保水源、保路径、保风貌、保文化"，遵循"增渗、防污、禁堵、综治、限采、严管"的总体策略，保护泉水形成全过程体系，塑造泉城特色形象名片，延续泉城历史文脉。

总体保护规划范围为洪范池泉域、趵突泉泉域、白泉泉域、百脉泉泉域及长清—孝里水文地质单元，总面积约3533.2平方公里。重点泉域控制规划范围为趵突泉泉域和白泉泉域，总面积约2391.5平方公里。规划设立近期目标年为2020年，远期目标年为2035年。近期目标是保护、修复、提升直接补给区和重点渗漏带入渗补给能力，补给区雨水入渗总量不减少；保持正常降雨条件下趵突泉泉群持续喷涌；完善七十二名泉及"泉·城文化景观"遗产要素的风貌保护与提升，推进十大泉群的详细规划。远期目标则是保持正常降雨条件下趵突泉泉群地下水位高于28.15米（黄色预警线）全年累计200天以上；形成泉水生态保护体系，推进申报世界遗产，泉水特色风貌和泉水文化得到全面提升。

根据泉域及水文地质单元内泉水的形成过程，划分为补给区和汇集出露区。补给区面积2839.9平方公里，补给区遵循保泉优先、兼顾发展，保护生态基底，控制建设用地总规模的总体原则。划定的重点渗漏带面积为114.2平方公里，直接补给区面积为1163.2平方公里

（不含重点渗漏带），间接补给区面积为 1562.5 平方公里（不含重点渗漏带）。汇集出露区面积 631.4 平方公里，划分为集中出露区、重点富水区和一般富水区三级，总体保护原则是管控地下空间、保护径流通道，控制地下水开采、保证泉水喷涌。其中，集中出露区面积为 60.3 平方公里，重点富水区面积为 276.7 平方公里，一般富水区面积为 294.4 平方公里。

在彰显泉水文化软实力上，规划针对十大泉群、泉水出露点以及与泉水文化相关的泉水园林、街巷和民居等泉水文化景观，提出保护与管控措施。规划划定洪范池泉群、袈裟泉泉群、涌泉泉群、玉河泉泉群、百脉泉泉群、白泉泉群、趵突泉泉群、黑虎泉泉群、珍珠泉泉群和五龙潭泉群十大泉群的保护区划。在十大泉群保护范围内禁止建设有碍名泉风貌的建（构）筑物。重点打造老城区范围内的趵突泉泉群、黑虎泉泉群、五龙潭泉群和珍珠泉泉群四大泉群风貌带，丰富泉水利用模式、延续地域特色的泉水生活传统、保障济南古城延续发展与泉水文化的孕育，贯通四大泉群水系、串联风貌旅游轴线，打造中央泉水区等济南特色泉水风貌区域。

2023 年，济南市又启动了名泉保护总体规划的修编工作。在国土空间总体规划编制过程中，济南在保泉生态控制线的基础上，统筹第三次全国国土调查数据及国土空间规划，进一步协调泉水保护与城市建设发展。强化保护济南"千泉竞涌"的自然景观，针对泉水、泉水公共空间、泉水街巷、泉水宅院、泉水园林、泉水村落等十一类名泉保护内容要素类型分别提出保护措施，实现对空间的精准保护。

在系统保护泉水资源方面，规划衔接济南市名泉保护总体规划核心内容，将泉水功能分区和泉水生态控制线等相关管理要求纳入国土空间规划中，作为底线约束管控要求。在国土空间开发过程中，注重对泉水、生态、文化环境的整体保护，统筹全域全要素，加强泉城底蕴维护，构筑"城泉共生"的地下空间综合利用模式，明确地下空间的分区管控要求和差异化发展措施。推进海绵城市建设，加强雨水蓄渗利用，建立从源头至末端的全过程雨水控制与管理体系，优先促渗补泉。在系统保护泉水文化景观方面，规划构建"依山拥河，泉湖相济；双十字轴带，多中心网络"的主城空间结构，延续山泉湖河城相交融的特色风貌，突出城泉共生的发展模式，保护济南传统空间格局和自然山水特征，将历史遗迹、文化古迹、泉水资源、人文底蕴全面保护并与现代生活融为一体。

如今，济南正全力围绕泉·城文化景观申遗来推动泉品牌和泉文化的打造，许多城市重大工程，如城市更新、古城保护提升等工作，均以泉·城文化景观申遗为统领。

早在1998年，济南市名泉办就曾提出争取将济南泉水申报为世界自然文化遗产的设想。但因有"第一泉"美誉的趵突泉持续停喷，泉水申遗一度搁浅。趵突泉复涌的第三年，即2006年，济南市政府首次宣布将积极为泉水申遗。2009 年，济南泉水被列入《中国国家自然与文化双遗产预备名录》，踏出了泉城申遗的第一步。

2016 年，济南更改泉水申遗方向，泉水申报世界遗产项目由自然文化遗产转变为文化遗产，申报的范围从济南泉水申遗更新为"泉"+"城"模式。这不仅是泉的申遗，也是城的申遗，是生活状态的申遗，体现一种泉、水、人共融的一种价值。相关工作也由单纯的泉水保护，扩展为文物保护、历史街区保护，以及人的生产、生活方式的保护与传承。2016—2019 年，济南市连续组织召开了四届国际泉水文化景观城市联盟会议暨济南泉水保护国际研讨会，30 多个国外泉水友好城市以及国际国内知名文化遗产专家 600 余人次参会。2019 年 3 月，济南泉·城文化景观被国家文物局正式列入《中国世界文化遗产预备名单》。一个自然景观，在当代城市建设中，又回归到人文景观的范畴中去保护和传承，这既符合济南作为"泉城"的文化特质，又符合城市更新、发展规律。

2022 年，山东印发《山东省建设绿色低碳高质量发展先行区三年行动计划（2023—2025）》，明确提出支持济南泉·城文化景观申报世界文化遗产。2023 年，济南发布了《济南市 2023 年国民经济和社会发展计划》，将推进"泉·城文化景观"申遗作为提升文化软实力的一项重要工作。济南在推动"泉·城文化景观"申遗的同时，把文化资源转变为城市发展的动力源泉，不断提升城市文化软实力。

申报世界文化遗产是一个漫长而复杂的过程，需要遵循遗产保护和申遗规律，济南泉城文化景观的申遗工作还有很长的路要走。但对现阶段的济南来说，申遗目标达成与否其实并不重要。扎实深入的申遗工作凝聚了社会共识，形成合力，更好地促进了历史文化名城的保护、传承、利用，确保了城市的可持续发展。申遗过程本身，就是提升城市软实力的过程，是城市文化资源一步步累积的过程，是城市自然景观真正转化为人文景观并产生巨大吸引力的过程。

不难看出，从历史文化名城，到泉·城文化景观，济南对外的吸引力更多地源于文化本身，济南这座城市拥有文化软实力的基因和本能。当然，如何用好这一天赋，则是另外一个问题，需要长期探讨和实践。

文化与文化旅游

文化及文化旅游、文化创意，是城市软实力的支柱之一。文化、旅游、创意三者相互渗透，相互促进，协同发展。差异，则是我们观察文化、文化旅游及文化创意对城市软实力贡献大小的基本视角。

众所周知的是，文化是非常重要的软实力，城市闪亮的文化名片对提升城市知名度和影响力具有重要意义。文化是城市的灵魂，展示了城市风貌，体现了城市品位，决定着城市的活力和长远竞争力。对于一个文化资源储量巨大的城市而言，与其他城市之间的文化差异越大，它所产生的吸引力和凝聚力也就越大，这种势能足以提升区域文化能级。

对软实力而言，旅游行为本身的研究价值不大，旅游引发的各种现象和关系更为重要。旅游是综合性产业，带动性强，是促进文化保护、传承、传播的重要渠道之一。旅游和文化是相互包容、协作统一的关系，旅游是基于文化的衍生，文化是发展旅游的基础条件，旅游活动提高了文化传播速度，促进文化发展。文旅融合既是构建"双循环"新发展格局的重要支撑，也是促就业、增消费、扩内需的战略抓手。

将文化和旅游有机融合在一起，并产生巨大产业价值的，是创意。文化产业以创意、创新为动力，创意的本质又与旅游一样寻求特色和差异，所以创意也是文化旅游的核心和生命力。创意产业涉及的领域十分广泛，与文化旅游较为密切的创意产业包括广播影视、动漫、音像、传媒、视觉艺术、表演艺术、工艺与设计、雕塑、环境艺术、广告装潢、服装设计、软件和计算机服务等方面的创意群体。

近年来，济南的文化产业发展迅速。得益于文化产业政策的扶持，济南文化企业有 14 个项目获评第六批山东省重点文化产业项目，"济南市数字影音产业集群"入选 2022 年省"十强"产业"雁阵形"集群。2022 年，济南规模以上文化企业 531 家，营业收入 1079.9 亿元，同比增长率达 24.6%。济南积极搭建文化产业集聚发展平台，构建内容生产、平台服务、营销传播一体化产业体系。统筹规划老旧工业厂房再利用，引导布局集艺术创作、创意设计、影视制作、广告策划、休闲娱乐等多业态产业园区。较为成功的如原重汽离合器厂改建而来的JN150 创意设计文化工场、山东造纸总厂改建而来的鲁丰创意 1908 园区、山东省商业厅办公驻地改建而来的山师东路的山 6 文化创意园等。济南积极实施重点文化企业培育提升工程，推进国有文化企业发展，扶植大型文化企业，尤其是"独角兽企业""瞪羚企业"的快速发展。

济南还积极推进传统文化与数字科技相融合，加强信息化基础设施建设，提升数字公共服务与宣传营销水平，扶持文化数字产业。以文化创意、设计服务为核心，引导支持数字文化产业领域的产品、服务、技术、模式、业态创新，实现与影视、印刷、电竞等相关产业融合发展。逐步提升景区、文博场馆智慧监管能力，完善全市文化和旅游重点区域监测平台功能，提升文旅领域智慧化监管水平和应急突发事件的处理能力。目前，济南正研究制定支持旅游、电竞产业发展的政策措施，推进传统观光为主的旅游向体验式、沉浸式、休闲式等新模式转型，引进打造适合泉城特色的沉浸式演艺项目，推进创建网络视听文化产业园等新兴业态。

虽然济南文化产业发展迅猛，但从质量和数量上看，还与国内其他副省级城市有一定差距。2021 年，济南文化产业增加值占 GDP 比重 3.2% 左右，远低于杭州（14.3%）、成都（10.4%）、深圳（8%）、宁波（8%）等城市。

文化产业和旅游产业是两个相互关联的产业领域，文化产业以文化产品和服务为核心，旅游产业以旅游活动为核心，两大产业在发展中呈现出相互融合的趋势。文化旅游产业是一种特殊的综合性产业，因其关联性高、涉及面广、辐射性强、具有带动性而成为新世纪经济社会发展中最具有活力的新兴产业之一。近年来，济南文化旅游产业有了长足发展，并入选首批国家文化和旅游示范城市。

济南发挥国家历史文化名城优势，立足泉城历史文脉保护传承，中国非遗博览会永久落户济南，入选东亚文化之都。国际泉水节、"书香泉城"全民阅读节等品牌活动成为济南特色文化标识。持续推动夜间经济提质升级，创建 2 个国家级和 2 个省级文旅消费集聚区。文化体验、乡村民宿、工业遗产、红色研学、康养体育、休闲度假等新业态蓬勃发展。2012 年至 2022 年的十年间，济南 A 级旅游景区达到 82 家，增长了两倍多。2021 年，游客人次、旅游收入分别比 2012 年增长 75.5%、113.1%，城乡居民人均文教娱乐支出分别比 2012 年增长 89.3%、198.6%。近年来，济南的公共文化服务体系和文化产业体系更日益健全，全域旅游快速发展，文化旅游战略性支柱产业地位初露端倪。旅游年收入突破 1700 亿元，年接待国内外游客达到 1 亿人次以上。

目前，济南正加快推进文旅项目建设。如总投资近 630 亿元的融创文旅城，是山东规模最大、业态最全的文旅综合体项目，汇聚融创茂、融创乐园、海世界等十大欢乐业态，是济南着力打造的城市旅游新名片，项目开业一年来接待游客达 1300 万人次。总投资约 100 亿元的华侨城绣源河文旅综合项目，是依托都市休闲、生态旅居、主题游乐三大发展理念打造的滨水文化旅游度假区。总投资 80 亿元的明水古城国际泉水旅游度假区，以大众休闲、高端度假、文化创意、商务会议、休闲商业五大产业为支撑，打造泉水生态文化标志区和旅游休闲度假综合目的地。华谊兄弟电影城（济南）项目将电影 IP 与城市 ID 结合，集电影文化体验、民俗展览、酒店餐饮、娱乐消费等于一体，首期工程华谊兄弟（济南）电影小镇已正式营业。截至目前，全市共有文旅产业项目 57 个，总投资 1687 亿元，2023 年年内计划投资 128.9 亿元。

不难看出，济南的文化旅游发展是脚踏实地的，"出圈"的事情虽做得不多，却致力于将文旅资源做大、做强。当然，这种模式对城市软实力的提升作用是滞后的，需要一段时间才能显露，但所产生的发展动力是巨大且长久的。

在这些外在可见的表现形式之外，城市软实力最核心的是有吸引力的价值观。对于城市来说，推动中华优秀传统文化创造性转化、创新性发展与提升文化软实力是一脉相承的。优秀传统文化的"创造性转化"，指优秀传统文化旧形式被赋予新内涵、超时代观念被赋予新阐释。优秀传统文化的"创新性发展"则是指在社会主义核心价值观的引领下，马克思主义基本理论与优秀传统文化相结合，凝铸出新时代中国特色社会主义的文化新形态。

为此，山东省制定实施了《关于打造中华优秀传统文化"两创"新标杆行动计划（2022—2025 年）》，提出重点工作突破带动文化"两创"提质增效。近两年，山东聚焦打造文化"两创"标杆，重点在挖掘呈现山东文脉、建设中华文化体验廊道、促进优秀传统文化融入日常生活、发展山东手造和山东智造、做强尼山世界文明论坛、加强人才引育等方面持续发力。通过打造、提炼文化"两创"成果，能够提高城市文化品牌的辨识度和知名度，同时把这些文化软实力融入城市建设、产业发展、营商环境、人文特性等方面，就能真正将优秀文化达到弘扬、传承、取用于民的目的。

强省会战略下的济南，其文化旅游与文化创意的发展都可以纳入"两创"的工作范畴。济南推动与泰安、曲阜共享文化旅游资源，打造世界级"山水圣人"中华文化枢轴，加快建设黄河文化体验区、主题公园，打造黄河文化保护传承高地。实施历史文化名城保护规划，加强历史遗迹保护修复，抓好革命文物保护利用，延续城市文脉。加强与周边城市合作，整体策划包装名泉、泰山、齐都、运河等优质资源。济南还将建设直播经济总部基地、短视频双创基地，打造新媒体之都。

在"两创"思路的引导下，济南将非物质文化遗产的保护和利用提升到了融入黄河流域生态保护和高质量发展、乡村振兴、新旧动能转换等国家重大战略，擦亮城市文化名片、彰显城市文化软实力的高度。

最广义的"文化"，是人类在社会发展过程中所创造的物质财富与精神财富的总和，既包括历史留存下来的物质文化遗产，也包括民间流传下来的非物质文化遗产，还包括活的现实的生活观念和生活方式。就物质文化遗产层面来说，济南的历史文化名城相关遗迹、泉·城文化景观都是非常优质的旅游资源，是支撑济南将文化作为旅游基础条件的巨大优势，济南也展开了一系列的保护、提升工作，此处不再赘言。另一方面，非物质文化遗产多具有可观赏和可体验性，或可以直接成为旅游产品，或具有转化成旅游产品的潜在可能。济南市非物质文化遗产资源丰富，目前拥有 1 项联合国教科文组织人类非物质文化遗产代表作名录，13 项国家级、108 项省级、450 项市级非物质文化遗产代表性项目名录。非物质文化遗产项目代表性传承人国家级 8 人，省级 41 人，市级 210 人。成功举办 6 届中国非遗博览会、中国非遗曲艺周等全国性品牌活动，非遗活跃度位居全国前列，全市 15 个区县（功能区）有 13 个入选 2021 年全国非遗传播活力值 Top100 名单。2022 年，济南发布了《关于进一步加强非物质文化遗产保护建设"非遗名城"的实施意见》，确立了建设"非遗名城"的目标，提出了健全非物质文化遗产保护传承体系、加强非物质文化遗产保护传承、推动非物质文化遗产传播普及三项重点任务，细化了"非遗＋旅游""非遗＋设计""非遗＋数字化"等实施措施。

说到文化旅游产业，济南正在并将要做些什么？根据《济南市"十四五"文化和旅游发展规划》，济南在"十四五"期间，要实施旅游景区质量提升工程，推进景区完善硬件设施、推行标准化服务、丰富旅游产品、提升智慧化程度，打造一批高端化、智慧化旅游景区，建设景区监测设施和大数据平台。同时，继续推进 A 级旅游景区创建和动态化监管，引导新景区开展 A 级旅游景区创建工作，指导现有 A 级旅游景区向更高标准提档升级。预计到 2025 年，济南 AAAA 级以上旅游景区比"十三五"末增长 20%。此外，济南大力发展度假旅游，因地制宜发展一批山地度假、乡村度假、滑雪度假、温泉度假等精品旅游度假区，鼓励开发多种类型度假产品。

"十四五"期间，济南着眼旅游新兴业态发展趋势，加快推动旅行社行业转型升级，促进旅行社振兴。同时，依托新技术新平台，创新旅行社服务模式，引导线上线下旅游企业相互支撑、合作共赢，逐步探索建立旅行社同业分销网络体系。济南还挖掘泉水文化、黄河文化、商埠文化、名人文化等地方特色文化，规划建设一批高星级饭店、高端度假酒店、文化主题酒店、精品民宿、房车露营地。预计到2025年，将培育200家三星级以上精品民宿、10个精品民宿集聚片区。支持发展五星级酒店，鼓励高端酒店参与星级评定，引导和扶持有条件的饭店企业走品牌化、集团化、连锁化之路。

"十四五"期间，济南支持旅游景区导入演艺业态，做活演艺产业，加快国际旅游目的地娱乐体系建设。济南推动非物质文化遗产、民俗展演、民间绝活等进景区、进度假区、进乡村旅游集聚区，发挥"曲山艺海"传统优势，挖掘济南文化内涵，鼓励景区、度假区打造常态化旅游演艺项目。同时，培育引进各类演艺企业和专业创作团队，与景区演艺开发相结合，形成实景演出、音乐会、舞台剧、曲艺、戏剧、演唱会等旅游娱乐品牌。打造旅游商品品牌和产品体系，策划举办旅游商品创意设计大赛和旅游商品展览展销活动，打造泉城特色创意产品集市。此外，济南将实施餐饮菜系传承与创新发展工程，打造鲁菜美食文化品牌，壮大济南特色餐饮品牌集群，提高济南特色餐饮品牌的知名度和美誉度。

"十四五"期间，济南从观光文化旅游产品向参与体验型、沉浸式度假等多类型特色文化旅游产品转型升级，引导开发会展商务、康体养生、低空飞行、房车露营、精品民宿、文化演艺、休闲垂钓、艺术酒店、模拟考古等多种类型旅游新业态产品。丰富全时空全季节文化旅游产品，打造夜旅游经济聚集区，开发淡季旅游产品。同时，重点建设旅游休闲街区，培育泉城国际旅游标志区。加大历史文化街区、特色风情街区、重大文化片区、开埠区、古街巷、百年老字号等特色资源的保护利用，打造具有地方特色的美食街、娱乐街、购物街等旅游休闲街区。此外，推进全域旅游创新发展和集中连片发展，引导沿黄河、沿齐长城、沿大汶河、环湖环山地区乡村旅游集聚发展。加快构建省会近郊环城旅游圈，打造田园综合体、农耕体验基地等龙头示范项目。预计到2025年，济南将建成80个景区化村庄，创建山东省精品旅游特色村20个，全国乡村旅游重点村5个。

"十四五"期间，济南将创新旅游业态融合，发展工业旅游、红色旅游、研学旅游、体育旅游、康养旅游、低空飞行、科技旅游、自驾旅游等。其中，工业旅游将打造一批集生产、展示、销售、体验、研学等于一体的工业旅游景点，并且加强工业旅游服务平台培育。红色旅游方面，挖掘整理济南红色文化，规划打造红色文化长廊、红色文化广场，培育红色文化特色村。依托省市博物馆、科技馆、剧院、文化艺术馆等馆群资源，整合旅游景区、工农业产业园区和高校资源，共建研学旅行基地，打造研学旅行产品体系。发展户外运动、滑雪运动、休闲垂钓、水上运动、游泳等体育旅游业态，推进滑雪、滑草、游泳、赛马等多种时尚运动休闲基地建设。同时，加快开发温泉浴养、森林康养、滨湖水养等健康旅游业态。此外，推进平阴通用机场、商河通用机场、莱芜雪野通用机场等低空飞行项目开发建设，探索发展低空飞行旅游产品。引导构建旅游技术创新联盟，推动跨领域跨行业协同创新。推出一批自驾游线路，构建自驾游产业链，打造特色自驾游品牌。

对济南未来的定位，中共济南市十二次代表大会报告中提出一个目标，要将济南打造成为黄河历史文化标志性城市、国际知名文化旅游目的地。并提出诸多具体工作：打造一批体现中华文明、具有泉城特色的文化地标，加快推动"泉·城文化景观"申遗，高标准规划建设黄河国家文化公园、齐长城国家文化公园，释放优秀传统文化新活力。实施公共文化效能提升工程，规划建设黄河文化博物馆、市博物馆新馆、市党史方志馆、市档案馆新馆、市科技馆等文化设施，提升公共文化供给凝聚力。高标准谋划推动济南埠村、五峰山等国际综合旅游度假区建设，塑造具有泉城特色的新时代城市品牌，打造国际知名文化旅游目的地，激活现代文旅产业发展力。

作为省会城市群经济圈核心城市、国家级新旧动能转换综合试验区核心城市、国家级黄河战略的黄河流域中心城市，多重战略机遇的叠加给济南城市文旅产业注入了强劲动力。借此动力，济南正推动文化产业高质量发展。打造国际知名文化旅游目的地，是必要，也是可行的。但使其成为带动城市软实力快速提升的火车头，还需要些时间。

会展，一只美丽的蝴蝶

　　与文化旅游产业建设周期较长不同的是，会展产业可以很快促进城市软实力实现提升。

　　会展是展览会、博览会、交易会、展销会以及会议、文化活动、节庆活动的统称，是集合多人在特定时空围绕特定主题，传递和交流信息的群众性社会活动。是在一定地域空间中，许多人聚集在一起形成的。基于会展产生的会展产业，集商品展示交易、经济技术合作、科学文化交流为一体，兼具信息咨询、招商引资、交通运输、城市建设、商业贸易、旅游服务等多种功能。

　　据研究会展业的产业带动系数，即展览场馆的收入与相关的社会收入之比为1：9，这一产业已成为带动城市和区域经济发展的新增长点。会展的层级越高、辐射范围越广，所形成的带动能力也就越大。如国际性的会展是国际交流的重要窗口，也是城市迈向国际化的重要支撑。通过会展活动，能带动巨大的物流、人流、资金流、信息流，提升城市品位和知名度，进而推动经济和社会的发展。

会展产业涉及多个领域和行业，具有强大的带动效应和辐射力。尤其重要的是，会展产业是创新驱动的先导产业，可以推动科技创新、产业升级、消费升级和服务升级，加快新兴产业和新业态的发展，促进数字化、智能化、绿色化和低碳化的转型，提高经济发展的质量和效益。此外，会展行业还是社会文化的重要组成部分，可以丰富社会文化生活，传播文明理念和价值观念，提高公众素质和参与度，展示城市实力，塑造城市形象和特色，提升城市的知名度、美誉度和影响力，增强城市的软实力和竞争力。

会展产业是现代服务业的组成部分，已成为当前国内外重视的新兴产业，在促进经济合作、贸易往来、信息沟通、科技互鉴、人文交流等方面具有重要作用，在国民经济中的地位也不断提升。2017 年10 月，国家标准《国民经济行业分类》（GB/T 4754–2017）将会展业从原来的"小类别"升格为"中类别"，下设科技、旅游、体育、文化、其他 5 个小类"会展服务"。2018 年 9 月，国家统计局将工业会展、电子信息会展、金融会展、科技创新会展、大型活动策划等列入"新产业新业态新商业模式"。2019 年 1 月，国家发改委将"会展服务"列入《产业结构调整指导目录》中的"鼓励类"。2021 年 6 月，国家统计局发布的《数字经济及其核心产业统计分类》将"会议展览及相关活动等服务"列入其中。

近年来，中国会展业在各城市发展迅速，每年以 20%—30% 甚至更高的速度增长，涌现出北京、上海、广州、深圳、厦门、杭州等这样一批优秀的会展城市，并形成了环渤海、长三角、珠三角、东北、中西部五个会展经济产业带。据《中国展览指数报告（2021）》统计，各类"十四五"规划文件中，提及会展业的有 392 份（含征求意见稿）。其中，省（区、市）发布的国民经济和社会发展"十四五"规划中，提到会展业的有 261 份。国内不少城市单独出台了"十四五"会展业发展规划，如南京提出打造"南京会展"新经济名片，成都计划到 2025 年将建成具有全球影响力的国际会展之都，西安则要打造"一带一路"国际会展名城，江西提出将南昌打造成"中部会展名城"。会展业日益被各大城市所重视，"会展名城"竞争十分激烈。

济南在《济南市国民经济和社会发展第十四个五年规划和二〇三五年远景目标纲要》中对打造"会展名城"也有相关表述：加强会展场馆建设提升，提高承接全国性和国际性大型展会的能力，打造国际会展名城和高端会议目的地。到 2025 年，引进国际知名展会 10 个以上，经国际组织认证的展会项目达到 20 个以上，会展及相关产业收入达到 500 亿元以上。济南市委市政府高度重视会展业发展，聚焦"打造国际会展名城"这一战略目标，成立会展业发展工作领导小组，全链条服务会展业发展。

济南的会展产业起步较晚。2002 年，舜耕国际会展中心建成并投入使用，这是济南首个现代化会议展览场馆。当年 10 月，随着首届中国（济南）信息技术创新国际论坛暨博览会的成功举办，济南市会展业拉开了发展大幕。2005 年，济南国际会展中心投入使用后，举办了秋季糖酒会等大型展会，济南会展业进入飞跃期。2019 年，山东国际会展中心投入使用，净展览面积超 10 万平方米，济南形成三大国际会展中心遥相呼应、错位互补联动发展的格局。随着济南对会展业发展的重视，会展场馆建设呈现高水平发展态势，初步形成了"十字形"会展场馆格局：东有济南高新国际会展中心，西有山东国际会展中心，南有莱芜国际会展中心，北有济南黄河国际会展中心，中有舜耕国际会展中心。

2018 年，济南出台《济南市促进会展业发展的若干措施》。得益于政策引导，济南会展业得以快速发展。"十三五"期间济南共举办展会、国际会议 1200 余场，是"十二五"时期的 3 倍。济南连续四年获得"全国最具竞争力会展城市""中国会展品牌城市"称号。自 2018 年以来，济南累计举办各类展会活动超过 600 场，实现经济效益超 600 亿元。20 个展会项目获得国际展览联盟（UFI）认证，居全国前列，全省首位。法国高美爱博、瑞士迈氏等国际知名会展公司先后落地济南。济南会展项目、展览面积等主要经济指标占山东会展市场的三成以上，省内会展龙头地位初显。

"十四五"开局以后，济南在陆续公布的商务、文化旅游、绿色低碳循环等多个专项规划中，更加翔实地对打造"国际会展名城"做出了指引。《济南市"十四五"商务发展规划》提出，以打造国际会展名城为引领，高标准建设济南黄河国际会展中心和山东国际会展中心"双十万+"会展旗舰平台，形成东西呼应的会展新格局。延长会展产业链，大力发展"会展+"模式，打造以展会和展览企业为龙头，以交通、策划等为支撑的会展产业集群。《济南市"十四五"文化和旅游发展规划》提出，做靓文化会展产业，打造国内文化会展新高地，推广实体展览与虚拟展览、线上线下交易的新模式。《济南市"十四五"绿色低碳循环发展规划》要求，推动会展业绿色发展，鼓励办展设施循环使用，打造国际会展名城和高端会议目的地。

2023年，是新冠疫情过后的第一年，济南会展业强劲复苏。截至7月底，全市共举办各类展会活动73场，展览面积超过150万平方米，其中消费类展会超过20场。消费类展会有2023齐鲁国际车展（春季）、第七届中华老字号（山东）博览会、第二届北方消费品博览会、首届中国休闲食品饮料博览会、第十七届国际茶产业博览会、第十六届中国（山东）国际糖酒食品交易会、第三届日本（山东）进口商品博览会、省会经济圈暨济南优势产品博览会等；产业类展会有第四十八届中国国际医疗器械（山东）博览会、第二十五届山东国际水展、第十八届中国（济南）国际太阳能利用大会、第三十七届济南广告展、第二十六届济南国际机床展、第二十二届中国（济南）安博会；引进的大型展会有第十九届中国国际粮油产品及设备技术展示交易会、第三十一届全国图书交易博览会、第十届生物发酵产品与技术装备展览会、首届中国休闲食品饮料博览会。一众高规格会议、论坛等重要活动的举办，在提振会展经济的同时，使各界人士更加了解济南、向往济南，为众多人才、企业来济兴业发展创造了可能。

2023 年 8 月，济南出台了《济南市促进会展业高质量发展的若干措施》，在打造提升自主品牌展会、引进高端品牌展会、新增培育壮大会展企业以及支持展馆建设运营和优化发展环境等方面的奖补措施均进行了优化调整。未来 3 年，济南给会展业发展定下了明确的目标定位：全市会展业品牌化、国际化、市场化水平明显提升，会展企业综合实力、竞争力显著增强，以区域性展会为基础、国家级和国际性展会为龙头的会展业发展格局基本形成，会展业成为济南的闪亮名片，济南成为国内领先、国际知名的国际会展名城和高端会议目的地。

未来 3 年，济南将高起点策划举办山东国际大健康产业博览会、北方国际消费品博览会、中国国际休闲食品饮料博览会等一批产业带动力强的大型专业展会；做大做强中国国际文化旅游博览会、中华老字号博览会、日本（山东）进口商品博览会、齐鲁车展、电商博览会等一批自主品牌重点展会，着力打造一批扎根本土、面向国际、具有较强市场影响力的规模化、品牌化重大会展项目。积极邀请国际知名专业展会入驻济南，促进国际性知名展会与济南本土展会深度合作，全面提升自主品牌展会规模层级。依托山东国际会展中心和即将交付使用的黄河国际会展中心，围绕济南城市发展定位、资源聚集度，立足产业特色，积极引办、申办一批以高端装备、人工智能、现代物流、医疗康养、产业金融、文化旅游等以优势产业产品和服务为主要内容的大型品牌展会，着力引进一批规模、品牌影响力位居世界前列的国际品牌展会。加强与国内外知名办展机构交流合作，鼓励和支持有实力的大型会展企业通过收购、兼并、控股、参股、联合等方式实现跨区域、跨行业、集团化发展，打造一批在国内外具有重要影响力的龙头会展企业。同时，加快发展中小会展企业。按照政府引导、市场化运作方式，鼓励中小型会展企业与展览场馆、优秀会展企业、商会、行业协会、高校等建立战略联盟，鼓励中小型专业会展企业在专长领域做精做强。推动全市会展业市场化、专业化、规范化发展。

随着黄河流域生态保护和高质量发展重大国家战略的深入实施，济南发展速度不断加快，发展质量越来越高，城市品质越来越优，会展业展翅欲飞。在济南新旧动能转换起步区，一座现代化的济南黄河国际会展中心（一期）即将交付使用。根据规划，济南黄河国际会展中心项目分三期建设，总占地约 1867 亩，建筑面积达到 168 万平方米，会展净展览面积约 51 万平方米，由展览中心、会议中心和酒店中心三大板块组成，将打造为全球首座"会展＋产业"融合发展的经济园区。济南黄河国际会展中心一期规划 12 个标准展馆、1 个多功能展馆、主登录大厅，室内展馆面积 15 万平方米，室外展览场地 4 万平方米。

会展中心整体建成后，将成为国内净展面积最大、全球综合规模最大的会展中心，年参展人数预计超800万人次。适合举办各种规模的展览、会议论坛、文化展示、时尚娱乐等活动，同时展馆具备承接 APEC、G20 等国际峰会的能力，还可以承办游艇、飞机等大型、重型机械展览。园区全面投入运营后，将带动交通、物流、旅游、酒店、商业等上下游 130 多个关联产业，形成年产值达 400 亿元的会展经济产业园。

从展现城市产业发展及文化特色的角度看，展会的场馆也是城市的窗口，是一个城市印象的缩影。济南黄河国际会展中心将快速成长为济南对外交流的窗口和国际文化交流的重要载体，带动黄河北岸新城区会展经济发展。

刚走上快车道的济南会展业，虽然会展经济在产业规模与结构、会展场馆数量与分布、数字化程度、国际化程度、专业会展人才、展会品牌等方面暂时还不能与会展业发达的大都会相比，但在强有力的政策支持、高标准的会展场馆和专业化会展组织服务的保障之下，将很快实现品牌化、国际化、市场化的高质量发展，加快成为国际会展名城的步伐。

从"营商"到"宜商"

优化营商环境，是济南加快强省会建设的头等大事。

营商环境是一种重要的城市软实力，它紧密依附并服务于各类生产经营活动。营商环境是企业等市场主体在市场经济活动中所涉及的体制机制性因素和条件，是影响经济增长、创新创业和民生福祉的重要因素。实践证明，优化营商环境有助于进一步理顺政府与市场的关系、政府内部不同层级和部门间的关系以及市场主体之间的关系，使市场在资源配置中起决定性作用，更好发挥政府作用，助推市场主体规范经营和经济高质量发展。

营商环境体现着一座城市惠企便民的社会氛围，以及城市政府的服务效能和社会治理水平，是经济社会高质量发展的核心竞争力。同时，营商环境直观地反映了企业在一座城市经营的难易程度，是城市软实力的重要指征。通过提高市场化、法治化、国际化、便利化水平，营造良好营商环境，一座城市就可以吸引信息交互、资金流入、人才汇聚。

近几年，中国营商环境优化取得举世瞩目的成绩。世界银行《全球营商环境报告 2020》显示，中国营商环境总体得分 77.9 分，排名在全球 190 个主要经济体中跃升至第 31 位，成为全球营商环境进步最快的经济体之一。在"放管服"改革推动下，营商环境持续优化，营商便利度大幅提高，各地争相实施了一些新举措。一些地区的举措倾向于市场化，如《北京市全面优化营商环境助力企业高质量发展实施方案》提出，着力营造公平竞争的市场环境，助力市场主体恢复发展壮大。一些地区以立法形式优化营商环境，如杭州、石家庄等地制定并施行了优化营商环境条例，合肥、烟台、鄂尔多斯等地制定并施行了民营经济促进条例。在建设更加国际化的营商环境方面，一线城市纷纷对标国际一流标准，以更大力度吸引和利用外资。总体来说，营商环境优化强调激发市场主体活力及制度改革、数字化转型、国际经贸规则对接等，从而使营商环境短板逐步补齐，实现全面优化。

山东省也非常重视营商环境建设，2021 年在全省实施"优化营商环境创新突破行动"，提出"全省营商环境整体走在全国前列"的目标要求。近年来，济南的营商环境是呈逐步上升态势，整体较好。尤其自"十三五"以来，济南一直围绕深化"放管服"改革，试图打造与高质量发展相适应的营商环境，政府工作报告中围绕优化营商环境问题着墨颇多。根据相关数据显示，2015 年济南全市实有各类市场主体 47.7 万户。2018 年 12 月 19 日 12 时，济南市场主体突破 80 万户。

2022 年，济南市场主体已突破 149.8 万户，比 2012 年翻了两番多。2021 年，国家发展改革委公布了全国 80 个城市营商环境评价结果，对参评城市 2019 年 1 月 1 日至 2020 年 7 月 31 日期间的营商环境进行了深入分析。结果显示，我国 25 个城市营商环境便利度高，市场主体获得感强，济南市名列第 9 位。结果中有 14 个城市营商环境改善幅度最大，提升超过 10 个百分点，济南市名列第 7 位。中国人民大学国家发展与战略研究院发布的《中国城市政商关系评价报告（2022年）》显示，济南政商关系健康指数排名第 9，亲近指数排名第 11，但清白指数（指标包括政府透明度、政府廉洁度）的表现并不出众。

济南积极改善营商环境，起初更侧重于服务招商引资的单一层面，改革力度并不大。2016 年是济南市《政府工作报告》中提出的"投资促进年"，该活动提出了"牢固树立投资促进就是投资服务的理念"的目标定位，对重点项目实行集中审批、并联审批、特快审批，加快办理项目建设手续。在随后的 2017 年"投资提升年"活动方案中，设立"营商环境优化行动"专款，从降低工业用地土地出让地价、制定投资服务指南、加快外资项目网上审批改革步伐三个方面做出了要求。

但随着新旧动能转换等国家战略机遇的到来，济南逐渐把优化提升营商环境放到经济社会发展的大局中去谋划和部署，对营商环境的优化力度迅速增强，密集推出了一系列优化营商环境的有力举措。

2017年，山东省启动新旧动能转换综合试验区创建工作。为配合该项工作，中共济南市委、济南市人民政府研究通过了《关于打造"十最"政务环境助推济南新旧动能转换的实施意见》。该《意见》提出打造"十最"政务环境，即就业创业门槛最低、市场主体负担最轻、有效投资空间最广、公平营商环境最优、企业群众办事最快、政务平台功能最强、窗口队伍形象最佳、改革评价效果最实、体制机制保障最好、督查问责措施最严。《意见》提出了33项改革举措，并把2017年的改革任务细化分解为80项具体工作，以推动尽快落地生效。同年12月，济南市人民政府印发《济南市落实打造"十最"营商环境要求支持实体经济项目建设若干措施的通知》，对工业用地和物流仓储用地上的实体经济项目建设制定了一系列有实施力度的措施。济南市人民政府办公厅随即也发布了《关于推行企业投资建设项目"多评合一"工作的实施意见》，将项目申请报告、节能评估报告等各项评估、评审、审批事项由串联方式调整为并联方式，推行统一受理、统一采集信息、同步评估、同步评审审批的服务新模式，减少了审批环节，压缩了审批时限。

2018年8月，济南市人民政府办公厅印发了《关于开展十大重点任务攻坚战深入推进审批服务便民化的实施意见》。随后，济南市人民政府办公厅制定并发布了《全面深化"零跑腿""只跑一次""你不用跑我来跑"改革实施方案》。"零跑腿"事项是指企业和群众通过网上或自助终端等方式即可办理，无须到部门（单位）提交申请材料、领取办理结果等手续的事项。"只跑一次"事项是指企业和群众只需到部门（单位）跑一次即可办结的事项。"你不用跑我来跑"事项是指目前尚不具备条件或暂时不能实现"零跑腿""只跑一次"的事项。各级各有关部门（单位）根据要求，全面梳理、编制并公布了群众和企业到政府办事"零跑腿""只跑一次""你不用跑我来跑"事项目录，组织编写服务指南。当年，市级"最多跑一次事项清单"共纳入依申请办理的政务服务事项（包括行政权力和公共服务事项）1165 项（含子项 207 项）。

济南这种基于地域发展所产生的积极主动，又得到了国家推进"放管服"改革的加持，国家政策层面对营商环境提出了更高、更迫切的要求。这形成一股强劲推力，使济南市营商环境优化方面的思维方式、工作方法产生重大变革，营商环境实现大跨步提升。

从 2015 年 5 月 12 日国务院召开全国推进简政放权放管结合职能转变工作电视电话会议，首次提出"放管服"改革的概念开始，党中央、国务院高度重视深化"放管服"改革优化营商环境工作。国务院每年都要召开一次全国性的推进"放管服"改革、优化营商环境的会议，对"放管服"改革作出部署，不断将"放管服"改革推向纵深。2019 年 3 月，济南市制定并发布了《深化"放管服"改革优化营商环境重点任务分工方案》，根据 2018 年重点任务分工方案，提出了 36 项具体的工作任务和措施。同年 12 月，又印发了《关于进一步深化"放管服"改革优化营商环境重点任务分工方案》，对 2019 年重点任务分工方案，共提出了 22 项具体的工作任务和措施。2019 年，国务院为进一步激发市场主体发展活力，在全国推开"证照分离"改革。济南市随即设立全面推进"证照分离"改革工作领导小组，由副市长出任组长，落实国务院有关决策部署。对照国务院公布的第一批 106 项涉企行政审批事项，逐一明确改革事项实施机关、优化审批措施和事中、事后监管措施。

2021 年 3 月，济南市政府办公厅印发了《深化"放管服"改革优化营商环境 2021 年重点任务分工方案》。在推进简政放权方面，济南根据发展需求，推动济南新旧动能转换先行区依法依规承接全部市级经济社会管理权限，并积极争取省级经济管理权限下放至济南新旧动能转换起步区实施并做好承接工作。根据《方案》，济南于 2021 年年底前实现了"证照分离"改革全覆盖，对所有涉企经营许可事项实行分类改革。对新产业、新业态，济南市实行包容审慎监管政策，探索对新设立的"四新经济"市场主体给予 1—2 年包容期，在包容期内不触碰安全底线的一般违法行为，给予一定合理观察期，采用柔性监管方式，引导和督促企业依法经营。根据该《方案》，济南全面推行"不见面"审批，市级依申请政务服务事项除法律法规有特殊规定的，原则上均实现网上全程可办。济南提高了企业开办智能审批水平和企业开办"异地通办"便利度，梳理公布企业、个人全生命周期政务服务事项清单，各推出 100 件高频事项集成办、极简办、全域办。2021 年年底前，基本实现企业办税缴费事项网上办理、个人办税缴费事项掌上办理。

2021 年 3 月，国务院办公厅对做好"六稳"工作、落实"六保"任务提出了一系列指导意见。8 月，济南市出台《关于服务"六稳""六保"进一步深化"放管服"改革工作的实施方案》。该《方案》侧重于"进一步激发市场主体活力和社会创造力，建设市场化、法治化、国际化一流营商环境"，对健全惠企服务机制、规范提升中介服务、规范改进认证服务、优化涉企审批服务、持续提高投资审批效率、优化工程建设项目审批、持续优化外商投资环境、加大出口信保支持、提升通关便利度等工作提出了具体措施。

也是在 2021 年，围绕系统性整体性推进营商环境改革，济南市委改革办牵头制定《济南市进一步改善营商环境十条措施》，内容不多，针对性却非常强。《措施》结合济南实际，推出了一批首创性的改革举措。比如在新旧动能转换起步区实行"新区特办"机制，其中高标准打造省、市、区一体化行政审批服务大厅、实施商事主体登记确认制改革、推进工程项目"承诺办"等制度，都是当时在全国具有开创性的改革举措。《措施》突出了体制创新，充分发挥相对集中许可权体制机制优势，统筹整合全市涉企服务职能等要素资源，集成多个服务渠道，作为政府连接企业的前台"总入口""总出口"，为企业提供"一口办理"服务，着力打造服务企业的"泉惠企·全程办"新品牌。2021年8月2日，济南在全国省会城市中率先成立首个市级企业服务中心，统筹协调落实全市企业服务事务"一口办理"。《措施》还注重加强互联网、区块链、大数据等信息化手段运用，如打造涉企服务"三库一平台"、全面推进人才服务"一站式、一键式"办理等，切实提高政务服务效率。

自2022年开始，济南实行行政许可事项清单制度，实现了同一行政许可事项在受理条件、办理流程、所需材料、办结时限、办理结果等若干要素的全国范围统一。2022年1月4日召开的国务院常务会议，对于全面实行行政许可事项清单管理作出了明确部署。实行行政许可事项清单管理，从实质上推动了许可权力运行的标准化、规范化、便利化，既可以严格时限约束，消除隐性门槛，规范行政许可实施中的裁量权，使权力行使更加透明、更可预期；又可以通过审批服务的标准化，推动相关审批系统互联互通、数据共享，加快一网通办、跨省通办进程，营造市场化、法治化、国际化营商环境，更大激发市场活力和社会创造力。

2022年，济南市人民政府对照《山东省行政许可事项清单（2022年版）》编制了《济南市行政许可事项清单（2022年版）》。市政府办公厅作为全市推进行政审批制度改革工作的牵头机构，除对清单编制工作提出了一般性技术要求外，还明确要严控新设行政许可，要求各级各部门（单位）要采取制定标准、优化流程、强化监管等方式实现管理目的。在实施方面，要求推动审批服务业务全流程模块化改造，强化线上、线下审批服务工作的深度融合，要求优化线下服务功能，规范政务服务场所设置，健全帮办代办服务体系，以提升企业和群众获得感、满意度为目标。行政许可实施机关会同相关行业主管部门，依照行政许可事项清单和实施规范分别更新调整办事指南，并严格执行。尤其强调，可以作出有利于行政相对人的合理优化调整，这无疑是一种有利于营商环境打造的灵活态度。全面实行行政许可事项清单管理工作被纳入当年济南全市高质量发展综合绩效考评体系。

2022 年下半年，社会秩序恢复正常。针对当时经济运行面临一些突出矛盾和问题，市场主体特别是中小微企业、个体工商户生产经营困难依然较多，国务院办公厅于当年 9 月印发《关于进一步优化营商环境降低市场主体制度性交易成本的意见》，提出一系列改革创新意见，降低制度性交易成本，帮助市场主体解难题、渡难关、复元气、增活力，恢复经济发展基础。《意见》从五个方面部署了重点任务：进一步破除隐性门槛，推动降低市场主体准入成本；进一步规范涉企收费，推动减轻市场主体经营负担；进一步优化涉企服务，推动降低市场主体办事成本；进一步加强公正监管，切实保护市场主体合法权益；进一步规范行政权力，切实稳定市场主体政策预期。为贯彻落实这一政策，2023 年 1 月，济南市人民政府办公厅印发《关于进一步优化营商环境降低市场主体制度性交易成本的实施意见》，共提出了五大部分、23 个方面、80 条具体举措。

2023 年 2 月，《济南市"十四五"时期优化营商环境规划》印发并公开发布，明确了济南未来 5 年的营商环境优化方向。该《规划》在全面总结"十三五"期间优化营商环境工作、客观分析当前存在问题及面临形势的基础上，实施五大环境创新引领战略：即公平便捷的市场环境，舒心满意的政务环境，公正规范的法治环境，诚信包容的人文环境，协同联动的区域发展环境。提出了"有效解决数据不共享、系统不衔接、部门不协同、制度不完善、交互不畅通等'五不'问题，推动制度体系更加完善、监督管理更加规范、服务效能大幅提升，实现济南营商环境达到全国前列"等目标。"五大环境"作为《规划》核心部分，共提出 350 项具体任务，推进业务流程重塑。如在工程建设项目审批改革领域，推动工程建设项目审批实行"联审联验、闭环管理"、推行市政公用基础设施报装"无感审批＋有感服务"、推广"零材料"申报、"多诺合一"创新审批方式等多项改革举措，处于全国领先水平。

《规划》提出，到 2025 年，全面完成机关数字化转型，数字机关建设水平全省领先，整体智慧治理政府建设取得显著成效；政务服务标准化、规范化、便利化、精准化、数字化水平全面跃升，政务服务标准规范实现全域覆盖，除涉密事项外，依申请政务服务事项可网办率达到 100%，实际网办率达到 90%；营商环境主要指标逐步优化提升，形成可借鉴、可复制的优化营商环境典范城市济南标准，成为该领域全国标杆城市，全面发挥黄河流域中心城市的示范引领作用。

优化营商环境是一项持续性的工程，不可能一蹴而就。从近几年济南这方面的决心和行动来看，济南的政务服务踩准点、跟上趟、合上拍，从几年前的"跟跑"发展为如今的"领跑"。2023 年《中国高质量发展评估报告》中，济南获评"2023 高质量发展营商环境最佳城市"。济南的营商环境优化受国家政策及区域发展战略的影响极深，随着全面推动省会经济圈一体化发展，提升黄河流域中心城市辐射带动作用，高质量融入共建"一带一路"和 RCEP，未来济南的营商环境将愈加优化。与此同时，强化数字营商环境建设，推进智慧监管、创新智能服务，将成为济南营商环境优化的重要战场。

温暖的城市

城市，是城市居民生活工作、就业创业的空间。一座有温度的城市，往往具有友善、包容、活力、健康、宜居的城市环境，会产生巨大的凝聚力。同时，城市的温度又会成为城市软实力的一种，对外界产生吸引力。从这一角度出发，我们不妨从城市对婴儿、儿童、青年、老年等不同年龄群体的友好程度上来观察济南的软实力。

2023 年，济南被列入首批全国婴幼儿照护服务示范城市名单。2020 年起，济南市连续三年将婴幼儿照护服务列入民生实事。2020 年规范建设 40 所托育机构，2021 年创建 30 所婴幼儿托育机构示范点。2022 年，济南将托育服务设施纳入新建社区配建项目，千人口托位数达到 4.15 个，居全省首位，预计到 2025 年每千人托位数达到 5 个的总目标，高于国家、省有关目标。

儿童，是城市的未来。儿童友好城市建设，是增进民生福祉的重要一环，是"以人民为中心"发展思想的具体实践。国家"十四五"规划纲要明确将儿童友好城市建设列入重大工程。2021 年 10 月，国家发改委、国务院妇儿工委办等23个部门联合出台了《关于推进儿童友好城市建设的指导意见》，明确"在全国范围内开展100个儿童友好城市建设试点"的目标任务。

儿童福利是儿童权利保障友好的基本内核，在儿童友好城市里，友好的社会政策提供成长与发展的坚强后盾；友好的公共服务满足儿童成长与发展的多元需求；友好的权利保障提供公益普惠的儿童福利；友好的成长空间提供安全、舒适、宜居的生活环境；友好的发展环境为儿童的健康成长保驾护航。

2021年，济南开始积极行动，将"儿童友好城市建设"纳入《济南"十四五"规划》《"十四五"妇女儿童发展规划》和《2022年政府工作报告》。2022年8月，济南市人大通过了《济南市人民代表大会常务委员会关于促进儿童友好城市建设的决议》，这是全国首个地方人大出台的关于推进儿童友好城市建设的决议，要求将儿童友好理念融入政策制定和城市经济社会发展规划。2023年3月，济南发布《济南市绿色低碳高质量发展巾帼行动计划（2023—2025年）》，根据《计划》，济南将加快建设儿童友好社区、儿童友好医院、儿童友好场馆、儿童友好公园等100个试点单元。

2023年4月，济南正式入选第二批建设国家儿童友好城市名单。济南随即制定出台了《济南市儿童友好城市建设方案》，该方案将儿童事业纳入新时代社会主义现代化强省会建设总体布局建设，系统部署了儿童友好社会政策、公共服务、权利保障、成长空间、发展环境、产业培育、开放包容7大领域57项具体建设任务。该方案结合济南实际与特色，有不少可圈可点之处，如数字赋能友好，即培育打造有温度、会呼吸的智慧儿童友好城市，深化拓展提升智慧应用，实现儿童友好服务一站式数字集成，构筑儿童畅享的数字生活应用场景和智慧空间，加快建设数字化儿童友好城市；又如产业发展友好，即从产业经济视角谋划，延长儿童产业链，把建设量值延伸转化为经济价值，发展儿童产业、儿童经济，释放消费潜能，助推经济发展；再如开放包容友好，挖掘城市文化潜力，扩大儿童友好的国际影响力，为儿童创造更友好的物理空间、社会空间、制度空间、文化空间和网络空间，打造更加包容、更加绿色、更可持续的成长环境，给城市建设赋予全新视角的灵感活力。2023年7月，济南又发布了《济南市儿童友好城市数字化建设方案》，这是全国首个关于儿童友好数字化建设的设计方案。

目前，济南全市城乡社区建有集教育、娱乐、卫生、社会心理支持等服务的儿童服务场所基本全覆盖，正努力建设15分钟儿童生活圈。建设儿童友好城市，承载着居民对美好生活的向往。以儿童需求为导向，让城市发展更加精细化，更加适应儿童宜居宜成长，既顺应国际国内形势和社会发展趋势，又是城市宜居和城市文明中的重要一环。

青年，是城市消费、文化建设、娱乐休闲的活跃群体，是城市经济增长、产业振兴的重要支撑，更是推动创意、创新、创业最具活力和发展潜力的有生力量。对青年群体具有独特吸引力的城市，将会是城市软实力发展较快的城市。当前，中国已经有越来越多的城市着手推动青年发展型城市建设，目前已有深圳、苏州、成都、郑州、合肥、贵阳、济南、淄博、东莞、珠海、保定等 40 多个城市发布了建设青年友好型城市或青年发展型城市的战略规划。

济南历来重视青年，尤其是青年人才的工作和生活问题。根据 2021 年《中国城市人才吸引力排名》报告，在 95 后人才吸引力 50 强城市中，济南排名全国第 11 位，居山东省第 1 位，成功入选中国十大美好生活城市、毕业生就业首选十大城市。青年人的数量占比，是衡量一座城市是否具有持续发展能力的关键指标。2021 年，济南 933 万常住人口中，青年人数（14—35 岁）达到三成，人才总量达到 247 万人，近 3 年 61 万高校毕业生选择到济南就业或落户，近 5 年平均净增户籍人口 10 万人以上。2021 年博士研究生、硕士研究生和本科生留济率分别为 90.3%、85.2%、74%，这既是城市软实力的吸引，也是城市友好带来的影响。

2021 年 10 月，山东省在全国率先启动全省范围内"青年发展友好型城市"建设工作，旨在建设一批年轻态的青年发展友好型城市，让城市对青年发展更友好，让青年对城市发展更有为。同年 5 月召开的山东省青年工作联席会议上，正式公布济南入选山东省首批青年发展友好型城市建设城市，创建期两年。2022 年 4 月，中共中央宣传部、国家发改委、教育部、人力资源和社会保障部、共青团中央等 17 部门联合印发了《关于开展青年发展型城市建设试点的意见》，并明确提出要积极践行青年优先发展理念，推动"青年创新创造活力与城市创新创造活力相互激荡、青年高质量发展和城市高质量发展相互促进"。2022 年的 6 月 1 日，济南作为 8 个副省级城市之一，正式入选全国青年发展型城市建设试点。

一座城市对青年的友好程度，涉及城市就业质量、创新创业活力、住房保障水平、教育保障力度、文化服务效能、健康保障水平、商业服务能力、生态宜居水平、社会治理能力和青年社会参与等方面。这些问题决定了青年在一个城市是否能够安居乐业、实现自我发展、发挥生力军作用，以及是否能够拥有较强的归属感、获得感和幸福感。建设一座让青年群体感到温暖、舒心的城市，一般是从青年群体的宜业、宜居、宜生活等基本需求出发。

在促进就业创业方面，济南在整个城市经济发展、产业结构、产业特色、就业创业支持等方面下功夫，吸引青年前来就业创业，制定了"双创 19 条""鼓励企业创新发展 15 条"等系列举措。2021 年，济南新增城镇就业 17.8 万人，发放培训补贴 9.7 亿元、创业补贴 3.34 亿元、创业担保贷款 9.3 亿元，扶持市场主体 2 万余家。济南全力推进博士后集聚计划、金蓝领工匠计划、"创客之都"人才计划、"四海菁英"集聚计划等一系列人才工程，对新引进的国内外顶尖人才和团队最高给予 1 亿元资助。济南正加快人才管理改革试验区建设，畅通青年技术创富、技术造富制度通道，计划每年为创业青年提供不少于 10000 平方米的免费场地和 1000 个工位，计划"十四五"期间高新技术企业数量突破 8000 家，新增青年就业岗位 100 万以上。济南还针对不同行业、不同领域青年制定个性化成长发展方案，形成符合产业生命周期和人才职业发展的青年成长体系，使每一个青年在成长发展过程中能够得到更多政策支持和社会关注。实施技能人才提升计划，全面推进职业技能等级认定改革。探索建设公益性青年创业学院，分行业领域组建 200 人的市级青年创业导师团，建立"专业孵化 + 创业导师 + 天使投资模式"青年创业帮扶模式。

在保障青年安居方面，济南关注青年在城市生存与发展中的切实问题，重点通过解决住房、落户政策、通勤压力等方面问题，保障青年扎根城市的刚性需求。济南是副省级以上城市中第 1 个全面放开落户限制的城市，分别对高层次人才、新毕业大学生、外来务工人员、中低收入困难群体制定了针对性政策，形成了多主体供给、多渠道保障、租购并举的青年住房安居体系，2021 年累计提供了 6838 套青年人才公寓，发放青年购房补贴近 6 亿元，提供生活和租房补贴 2.75 亿元。济南计划在"十四五"期间推出 20.5 万套保障性租赁住房，建设 100 家以上"青年驿站"，开工新建改扩建 160 所以上中小学、幼儿园，探索开展驻济高校"校园卡出行一卡通"免费乘车试点，打造一批新业态新场景青年主题街区综合体，培育一批"24小时不打烊青年社区生活圈"，让每一位青年在济南享有更全面的保障支持、更良好的法治环境、更有力的政策支持、更可靠的社会保障。

在打造高质量生活方面，济南在让青年群体对城市拥有情感认同与归属方面做了一些工作，如举办学生文化节，向青年学生注入"可触摸的情怀"，引导广大青年感受济南的城市温度和发展速度。又如启动2023济南城市美丽季系列活动，向大学生群体展现城市的人文、风光、活力。提升公共文化服务水平、充分展示城市文化软实力，可增加城市对青年的吸引力，图书馆、博物馆、美术馆等文化场所对满足青年群体的文化学习或娱乐休闲需求起着极大的作用。此外，积极打造青年喜闻乐见的消费新模式新业态，也是让青年增强城市认同感、归属感的重要手段。这些方面济南做了很多工作，但总体数量和质量与现实需求还存在不小差距。

随着青年发展友好型城市的建设，济南在城市的规划、建设和治理等方面对青年群体释放了足够的善意和诚意，为青年群体的学习、成长、就业、生活、休闲等需求提供更良好的环境，青年的认同感、获得感、幸福感、安全感显著增强，"城市对青年更友好，青年在城市更有为"的共荣发展格局正在形成。作为最富活力、最具创造性的群体，青年与城市的同频共振，将会成就一座充满希望、展现活力、彰显魅力的城市，深刻影响着一座城市的未来。以"城市"的名义将青年人聚拢在一起，将是济南城市软实力实现跃迁的最大助力。

人口老龄化是城市面临的一大问题，一座文明、宜居、有温度的城市，其社会发展必然面向所有群体。改善老年人居住生活环境，提高为老综合服务水平，积极推进老年友好社会建设，是所有城市居民都关切的重要问题。2009 年，全国老龄办启动"老年宜居社区"和"老年友好型城市"建设试点工作，之后国家又陆续出台和发布《关于推进老年宜居环境建设的指导意见》《国家积极应对人口老龄化中长期规划》等。2020 年，党的十九届五中全会首次将实施积极应对人口老龄化上升为国家战略。2020 年 12 月，国家卫生健康委员会、全国老龄办发出《关于开展示范性全国老年友好型社区创建工作的通知》，决定启动创建工作。2021 年全国示范性老年友好型社区评选中，山东省 54 个社区入选，就包括了济南市的 4 个社区。

济南一直是一座对老人友好的城市，近年来，济南不断完善基本养老服务制度，推动养老服务高质量发展，健全居家社区机构相协调、医养康养相结合的养老服务体系，努力增强老年人的获得感、幸福感和安全感。如早在 2020 年，济南就陆续公布了 196 处长者助餐站点，通过集中就餐、集中配餐等方式，重点解决高龄、孤寡、独居、空巢老人就餐难问题，为老年人提供助餐服务。为推动养老行业健康发展，济南出台相关文件，对符合条件的从事养老行业的大中专毕业生发放一次性入职补贴，对符合条件的养老护理员发放岗位补贴。

济南"十四五"规划和 2035 年远景目标纲要中提出，将"加快基础设施适老化改造，推动解决老年人在运用智能技术方面遇到的困难，建设老年友好社区，打造老年友好型城市，大力营造尊老敬老养老爱老的社会氛围"，让老年人拥有更高生活品质。随着老龄人口的持续走高和老龄化程度的不断加深，老年友好型城市的出现为实现积极老龄化，解决老龄化问题，尤其在促进老年人社会参与及自我价值实现方面提供了新思路。主要内容包括提升无障碍环境建设水平、开展示范性老年友好型社区创建工作、维护老年人合法权益、构建养老孝老敬老社会环境等四方面内容。济南在顶层设计中提出了建设老年友好型城市，这是城市发展的必由之路，但也是一项长期而艰巨的工作，还需要付出更多的努力。

济南的高质量发展需要高度，也需要温度。一座温暖的城市，会让人对这座城市产生强烈认同感和巨大吸引力，大幅提升城市软实力。

城市空间与文化重构

　　城市空间是城市文化构成的重要组成部分，整体性地反映了城市的文化品质、精神风度、历史演化和生活样式。伟大的城市必然是不断变化的，城市必须接纳新思想、创造新事物，才能获得长期高质量发展。城市空间的变化，是对原有城市文化生产资源再分配和在空间形态上的再格局化，并在延续城市固有风貌和城市文化过程中，产生新的城市风貌、城市文化和城市精神属性。这一变化趋势如果是正向的，即总量不断扩大、质量持续提高、构成日趋合理，就必将促成城市软实力的跃迁。

　　当下，随着城市能级的跃迁，济南的城市空间正在重构。一方面，老城区在城市更新中正获得新风貌、新功能、新活力；另一方面，新城区在政策红利下逐步实现宜业、宜居、宜游、宜养、宜学。济南将构建优势互补、高质量发展的区域经济布局和国土空间体系，统筹推进城市结构优化和品质提升，让城市更具活力。

　　多年前，济南曾提出过"原子"城市结构，即1个主中心、1个副中心、5 个次中心、12 个地区中心和 2 个卫星城。随着战略结构调整和城市建设发展，这一城市结构有了新的变化。2022 年 10 月，济南编制了《济南市国土空间总体规划（2021—2035 年）》。目前，该规划已获山东省政府原则同意，正履行呈报国务院审批程序。根据规划，济南在未来城市空间格局上，强化主城的核心引领、副城的辐射支撑和两县的门户带动作用，构建"一主一副，两城三轴多圈"的市域城镇格局。"三轴"即由主城向北、东南、西南方向辐射的三条发展轴，引导差异化城镇功能集聚，完善城乡功能组织；"多圈"即城镇圈，作为郊区空间组织和资源配置的基本单元，发挥外围城区、县城和重点街镇对乡村地区的辐射带动作用。

济南设置了主城—副城—县城—城镇圈的市域城镇体系。主城不仅包含了济南传统意义上的老城区、东部城区、西部城区等中心城区，还包括了新旧动能转换起步区，以及章丘、长清、济阳的城区。上述范围即济南国家中心城市功能的主要承载区。副城包含莱芜和钢城两个城区，是支撑济南辐射带动鲁中、鲁南的副城区、省会城市副中心。县城是济南南部的平阴县和北部的商河县，是支撑济南向北与西南方向辐射的相对独立的门户型节点城市。城镇圈作为郊区空间组织和资源配置的基本单元，发挥外围城区、县城和重点街镇对乡村地区的辐射带动作用。如刁镇、绣惠等街道，玉皇庙、贾庄镇组成的城镇圈。

济南对主城空间结构进行了重新划分，引入中心城片区和主城片

市域国土空间格局规划图

区的新提法。中心城片区包含西城片区、中城片区、东城片区、孙村片区、临空片区、黄河北片区；主城片区包含章丘片区、长清片区、济阳片区，以及中心城片区的外围。此外，还划分了城市主中心、城市副中心、片区中心、地区中心的四大层级。城市主中心为中城片区和东城片区的部分区域，将是传统意义上的老城区和中央商务区等区域组合。城市副中心为大桥，也就是新旧动能转换起步区的中心。片区中心包含西客站、东客站、唐冶、孙村、临空，以及章丘、长清、济阳。地区中心包含美里湖、党家、淡口、柏石峪、华山、雪山、董家、崔寨、孙耿、桑梓店、章丘创新港、长清大学城。

老城区，以突出泉城风貌和历史文化为核心，改善人居环境为导向。保护弘扬泉城特色，强化历史文化名城保护，抓好古城、老商埠、洪家楼、淡口、上新街等片区保护整治和改造提升，实施小清河—黄河区域再开发，计划在"十四五"时期基本完成棚户区和城中村改造。有序推动一般制造业、传统农批市场批发功能等外迁，发展总部办公、现代金融、商务服务、创意设计等高端产业业态。抓好快速路、主干路、次干路、支路建设改造，完善并加快西南部路网规划建设，加密轨道交通线网，构建立体化交通网络。加密停车设施和公共充换电网络，探索推进社区综合服务设施"一点多用"，完善一刻钟便民生活圈。

对于东西部新城区，以集聚高端要素和促进产城融合、职住平衡为方向，重点布局科技服务、现代物流等生产性服务业和高端制造环节。做强做优东部中央商务区、奥体政务片区、济南高新区中心区、汉峪金谷等片区，打造经济密度最高、辐射能力最强、最具现代化国际大都市功能形象的核心区域。加快建设济南国际陆港、济南东站—济钢片区和临空经济区，打造以枢纽经济、通道经济、先进制造等为主要特色的产业新城。全力全速推进中央活力区、济南国际医学科学中心建设，打造产业集聚、生态优美、宜居宜业、医疗康养的活力之城，带动西部地区加快振兴。

对于新旧动能转换起步区，举全市之力加快开发建设，到 2025 年基本形成现代化新城区框架，到 2035 年基本建成绿色智慧宜居新城区。强化基础设施支撑、公共服务配套和高端产业引领，加密过黄河通道，加快导入行政、教育、医疗、文化等优质资源，重点打造新一代信息技术、高端装备制造、新能源新材料和现代服务业产业体系，建设成为高质量发展引领示范区。建设全国节水典范城市引领区。贯彻绿色发展理念，保障 70% 左右的蓝绿空间，建设全国碳中和绿色城区。实行数字城市与现实城市同步规划同步建设，推动智能化治理向智慧化治理跃升，建设全球领先的数字孪生城区。

除此之外，济南统筹都市圈、中心城区、县城和小城镇建设发展，积极构建疏密有致、梯次发展、分工协作、功能完善的城镇化格局。通过打造长清、章丘、济阳三个主城片区，建设莱芜—钢城省会城市副中心，提升平阴、商河县城承载能力，立足区域特色资源和产业基础，推动区县差异化定位和特色化发展，提升综合承载能力，构建新型城镇化的重要支撑空间。

随着城市空间的变化，城市文化也会随之重构。

城市发展的诉求必然会从物质层面转向精神与文化层面，人们对于城市空间的追求也会转向以多层次、多元化、高品质、重内涵为主导。新时代的城市更新肩负着城市空间盘活、人文记忆再生、社交活力重塑的崭新的历史使命，在城市更新中传承和发展城市文化特色，促进文化对于城市发展的带动作用，营造具有地域文化意境的城市空间。从规划中不难看出，济南在文化、形态、特色上建立了城市整体空间格局与生态山水资源的和谐关系，将"山泉湖河城"的历史格局延续下去，并通过后续城市设计的实施管控，在变化中提升了济南核心空间资源的品质。济南的城市空间的风貌特色和人文属性，从过去的以"泉"为核心，将发展为以"黄河"为核心。

今天，济南在城市品质、产业发展等方面，都展现着无比坚定的进取之心。当济南从政府层面提出提升城市软实力的战略要求时，就意味着济南的城市文化正在重构。说明此时，或不远的将来，需要城市的文化属性、城市精神都与未来的城市空间相匹配，要适应济南在国家中心城市、中国北方新动能增长极、黄河流域生态保护和高质量发展示范城市、引领山东半岛城市群发展的新时代社会主义现代化强省会战略定位下的城市发展。从这一角度来说，济南提出提升城市软实力不仅是一种发展需要，更是城市软实力蓄势待发的表现。

实践

文化向文明的演变

SHIJIAN

WENHUA

XIANGWENMINGDE

YANBIAN

济南与文明城市

让我们回到软实力的灵魂——核心价值观这一话题上来。

城市软实力建设应坚持以社会主义核心价值观为引领，展现城市居民的时代追求、彰显城市人文特色、弘扬城市坚韧品格，用无形的力量汇聚新时期城市发展的强大内核。城市精神是城市人文价值的社会认同和综合判断，是主导市民的价值取向、行为方式、心理导向的精神力量。城市精神反映了城市人民积极向上的精神风貌和精神追求，只有通过核心价值观的洗礼，城市精神才更加精纯且富有生命力。对于一座城市而言，核心价值观及城市精神最为集中的展现形式和锤炼过程，就体现在文明城市创建中。

文明，是人化的物质和人创的精神成果的总和，具有持续发展的特性，是一座城市的灵魂。

城市文明，是经济社会发展的客观需求带来的对秩序的共性要求，以及城市的文化差异产生的秩序的多样性存在，是城市更新、焕发活力的源泉与驱动力。城市是文明进步的孵化器，城市文明的进步及其蕴含的创造力,承载着一个国家文明进步的希望。城市文明的发达程度,可以通过硬实力和软实力的表征来审视。创建文明城市侧重的不是城市的经济实力和基础设施建设方面的硬实力,而是精神价值的软实力。这主要体现在城市的公共意识上,包含城市管理的制度水平以及市民的文明素质,即城市的制度文明及精神价值。在全国文明城市的创建实践中,城市文明的伦理共识促进了诸多精神的重塑和诸多意识的培育,包括了人文精神的重塑、道德精神的重塑、志愿服务精神的重塑,以及意识的培育,包括规则意识的培育、诚信意识的培育、文明意识的培育等。

文明城市是指在全面建成小康社会的过程中,坚持以科学发展观统领经济和社会发展全局,促进物质文明、政治文明、精神文明、生态文明与社会文明协调发展,精神文明建设取得显著成绩,社会各项事业全面进步,市民整体素质和文明程度较高,能够发挥示范带头作用的城市(区)和县城。"全国文明城市"荣誉称号反映的是城市整体文明水平,是一个城市管理能力、综合竞争实力和持续发展潜力的全面体现。被评为文明城市,既是对城市文明的肯定,又是对城市软实力在价值观层面的审视和检阅,更是城市最亮丽的品牌。

创建文明城市活动,是加强城市精神文明建设的重要载体。是将精神层面的内容,转化为相对统一的规范和要求,融入各城市的日常工作、日常生活中,逐渐内化为市民的意识与日常行为,内化为政府与市民文明共建、共享、共治的制度安排。把创建文明城市作为构建和谐社会的理性选择，是随着精神文明建设实践的深入而逐渐明晰、逐渐完善的。城市文明的价值共识形成与实践，经历了一个长期的发展过程。

早在 1984 年 6 月，中央五讲四美三热爱活动委员会就提出要创建更多的文明单位，向文明城市的目标奋进。1995 年 10 月，中宣部、国务院办公厅总结推广张家港市创建文明城市工作的经验，在全国掀起了创建文明城市的热潮。1996 年 10 月，党的十四届六中全会通过《中共中央关于加强社会主义精神文明建设若干重要问题的决议》，第一次把文明城市与文明村镇、文明行业并称为三大群众性精神文明创建活动，写进党的《决议》，全国迅速掀起了以创建文明城市为龙头的群众性精神文明建设活动热潮。1999 年 9 月，中央文明委命名表彰了首批 58 个"全国创建文明城市工作先进城市"。

2003 年 9 月，中央文明委在经过近 8 年的探索、试点和论证的基础上，正式公布了"全国文明城市"评选标准，决定在开展两届"全国创建文明城市工作先进城市"评比表彰工作的基础上，于 2005 年 9 月开展首届"全国文明城市"评选表彰活动。2005 年，全国 118 个城市开始按照《全国文明城市测评体系》的城市文明评价标准、评价方法推进创建工作，全国文明城市创建活动被固定下来。从 2009 年开始，中央文明办每年对部分城市开展公共文明指数测评并公布结果，促进了文明城市创建水平提升。2012 年，又出台了《全国城市文明程度指数测评体系》并用于年度测评。测评体系设置中央文明委年度重点工作和公共环境、公共秩序、公益活动、公共关系 5 大类别，科学考核创建活动真实水平，促进文明城市创建常态化。

全国文明城市荣誉称号由中央精神文明建设指导委员会办公室评出。中央文明委文件规定，全国文明城市每三年评选表彰一次，实行届期制，具体申报程序为：申报城市对照全国文明城市测评标准，进行自我测评，符合标准、条件后，市文明委自愿向省文明委提出申请，省文明委审核后按分配名额向中央文明办提交推荐报告。

申报全国文明城市的必须具备六个条件，包括获得并保持全国创建文明城市工作先进城市荣誉称号；申报前连续两年人均 GDP 高于全国平均水平；申报前 12 个月内市委、市政府主要领导无严重违纪、违法犯罪行为；申报前 12 个月内未发生有全国影响的重大安全事故、重大刑事案件；申报前完成国务院下发的节能减排任务；未发生非法出版、制黄贩黄、侵权盗版的恶性事件。

评选全国文明城市共有八条标准，包括组织领导坚强有力，创建工作机制健全；思想教育深入细致，道德建设扎实有效；创建活动蓬勃开展，人民群众广泛参与；党政机关廉洁高效，社会风气健康向上；科教文卫体稳步发展，社会事业全面进步；社会治安良好，社会秩序井然；基础设施较为完善，生态环境优良；经济持续快速健康发展，居民生活水平稳步提高。

创建文明城市，以提高市民文明素质和城市文明程度为目标，以社区为重点，广泛开展形式多样的创建活动，对提高城市综合竞争力和城市整体文明水平发挥了重要作用。

济南创建全国文明城市发端于 2002 年。2005 年，首届文明城市名单中未见济南身影，山东省内的青岛和烟台成功当选。2011 年，济南未参与该届评选，省内临沂、淄博榜上有名。2015 年，第四届全国文明城市评选中，省内的威海、潍坊、东营获选。此时，山东省内已有 7 座城市获得了全国文明城市的称号。2017 年，经过 15 年的努力，作为山东省会的济南终于入选第五届全国文明城市。

第六届全国文明城市及复查确认保留荣誉称号的山东城市

城市级别	城市名称	首次入选
副省级城市	青岛市	第一届
	济南市 ★	第五届
地级市	烟台市	第一届
	临沂市	第三届
	淄博市	第三届
	威海市	第四届
	潍坊市	第四届
	东营市	第四届
	日照市	第五届
	济宁市	第六届
	泰安市	第六届
县级市和县	胶州市	第五届

城市级别	城市名称	首次入选
县级市和县	寿光市	第五届
	莱州市	第五届
	荣成市	第五届
	龙口市	第五届
	乳山市	第五届
	曲阜市	第六届
	新泰市	第六届
	肥城市	第六届
	青州市	第六届
	昌邑市	第六届
	诸城市	第六届

★济南市莱芜区、钢城区所辖区域原为地级城市莱芜市，2019年1月撤销莱芜市后划归济南市管辖。莱芜市曾获评第五届全国文明城市。

15年的创城工作，让文明具化为每个市民的行动，内化为城市发展的基因。济南的城乡环境面貌、社会公共秩序、公共服务水平、居民生活品质明显改善，市民思想觉悟、道德水准和城市文明程度持续提升，干部群众奋进新征程、建功新时代的精神风貌不断提振，群众获得感幸福感安全感切实增强。

2018年，济南制定实施了《济南文明城市建设三年行动计划（2018—2020年）》，重点实施理想信念教育提升行动、市民文明素质提升行动、诚信建设提升行动、城市管理提升行动等文明城市建设十大提升行动，推动城市文明再上新台阶。2019年，济南颁布实施了《济南市文明行为促进条例》，旨在引导和促进文明行为，提高公民文明素质和社会文明水平，并号召深入开展创建文明城市、文明单位、文明村镇、文明社区、文明家庭、文明校园等群众性精神文明创建活动。通过创城，济南将一些有益的经验做法制度化，促使文明成为一种自觉。

截至 2023 年，共有 25 座省会（首府）城市成功获批全国文明城市称号，分别是成都、南京、南宁、长沙、广州、福州、长春、杭州、郑州、拉萨、银川、贵阳、武汉、南昌、哈尔滨、合肥、西安、沈阳、济南、海口、石家庄、乌鲁木齐、西宁、昆明和兰州。省会城市中，太原和呼和浩特还未被评为全国文明城市。从入选全国文明城市及复评通过保留资格的次数来看，成都自 2008 年首次被评为全国文明城市之后，已经 5 次蝉联全国文明城市荣誉称号。其他省会城市中，4 次获评的城市有南京、南宁、长沙、福州、长春、杭州、郑州、银川、贵阳，3 次获评的城市有广州、拉萨、武汉、哈尔滨、合肥、沈阳，2 次获评的城市有济南、南昌、西安、海口、石家庄、西宁，1 次获评的城市有乌鲁木齐、昆明、兰州。

济南虽起步较晚，却一飞冲天，并以务实高效之举保驾文明城市建设的稳步前行。在 2018 年度、2019 年度、2020 年度、2021 年度全国文明城市测评中，济南市连续 4 年获得省会副省级城市年度测评第一名。中央文明办对济南创建工作高度认可，在全国文明典范城市综合测试反馈会上，评价济南"探索了一条在经济并不处于绝对领先条件下的城市，建设精美之城的新路；探索了一条在特大省会城市，保持创建长效、打造韧性之城的新路；探索了一条通过干部敬业奉献、群众参与支持，建设和谐之城的新路；探索了一条通过科学制度安排，实现权责分明、治理有效善治之城的新路"。

2021年，济南被确定为全国文明典范城市创建首批试点城市，开始全力以赴推进"全国文明城市"向"全国文明典范城市"迭代升级，城市文明发展建设迈向新阶段。

文明典范城市的提出

2021 年，中央精神文明建设指导委员会决定在第七届全国文明城市评选周期中，选取部分示范引领作用较强的城市，先行开展全国文明典范城市创建试点工作。2023 年，开始第一届典范城市评选。

全国文明典范城市是以全国文明城市为基础的文明城市范例，中央文明办对全国文明典范城市的定义是"一模范、四高、四力"。即模范学习宣传贯彻习近平新时代中国特色社会主义思想，物质文明建设和精神文明建设高质量发展，社会治理能力和城市治理水平高效能提升，群众生活质量和城市发展体制高水平改善，市民文明素质和城市文明程度高标准示范，具有显著的创建带动力、价值引领力、区域辐射力、国际影响力的文明城市范例。

从"全国文明城市"到"全国文明典范城市"，虽两字之差，文明进步的概念内涵却发生了重要变化。文明典范城市，是文明城市中更高层次、更高水平、更具示范性、更具引领性的创建典范，是城市影响力、辐射力、引领力的文明高峰。

全国文明典范城市每三年评选表彰一次，与全国文明城市评选同步推进。创建周期内前两年全国文明城市测评成绩排名前列，且满足《全国文明典范城市申报条件》才有资格在第三年申报参加全国文明典范城市评选。中央文明办根据《全国文明典范城市测评体系》进行测评，依据成绩排名确定新一届全国文明典范城市入选城市。不同于全国文明城市经复查可继续保留荣誉称号，全国文明典范城市评选实行届期制，奖牌和证书上标明创建周期，不搞复查确认，每届推倒重来。全国文明典范城市需在下一轮三年创建周期前两年参加全国文明城市测评且成绩靠前，在第三年有资格申报参加文明典范评选且入选，才能继续成为全国文明典范城市。

《全国文明典范城市测评体系》由理想信念坚定、文明程度领先、经济高质发展、政治廉洁高效、文化繁荣厚重、社会和谐安定、生态文明良好、治理效能提升、群众高度认可、工作常态长效等10个测评项目、50项测评内容、105条测评标准构成。测评体系不单设负面清单，在下一轮创建周期依据《全国文明城市动态管理措施（负面清单）》《全国文明城市（区）停复牌管理规定》等办法进行动态管理。组织综合测评时，依据负面清单相关规定对发生一般负面清单问题的文明典范参评城市进行罚扣分数。

测评体系对一个城市的政治、经济、文化、社会建设设置了测评项目和测评内容，并将一个城市经济与社会发展的水平、质量等量化为测评标准，不仅明确城市形态文明、功能文明、素质文明的评价对象，而且每一测评指标都有负责分管城市形态文明、功能文明、素质文明的政府责任主体。测评体系通过对城市"软件"和"硬件"、"设施"与"管理"、"人"与"活动"、"规范"与"引导"、"教育"与"发展"等测评指标的测评，全面系统地凸显一个城市的形态文明、功能文明、素质文明，是城市形态、功能和素质的统一。

从 2005 年至今，我国已经评选出六届全国文明城市，被命名全国文明城市的总计有 305 个城市，绝大多数省会城市已经入选。在第七届全国文明城市创建周期中，有 447 个城市被提名。2023 年将评选出第七届全国文明城市和第一届全国文明典范城市，只有在 2021 年—2022 年创建成效突出、测评结果领先的城市，才有资格参加 2023 年全国文明典范城市的迎检测评。最后只有少数城市按照文明典范城市创建标准，创建成全国文明典范城市。

文明典范城市创建，是促进中国式城市现代化的必然要求，是当今和未来中国引导城市实现文明和谐发展、高质量可持续发展的一种制度构建。对于创建全国文明典范城市，国内一些城市将其放在与城市发展战略同等重要的位置，显示出不寻常的信心和决心。这些城市纷纷召开动员大会，发动政府及各方面力量参与创建工作。并制定各种方案、措施、计划，针对城市特点和需求，提出了许多新举措、新思路，做出了一些有益的实践。

作为我国改革开放重要窗口的深圳，也在落实一项重要的国家战略，那就是建设中国特色社会主义先行示范区。深圳，是一座充满魅力、动力、活力、创新力的国际化创新型城市。2005 年被选为首批全国文明城市后，深圳连续 6 次获评全国文明城市，2021 年被列为全国文明典范城市创建首批试点城市之一。在《中共中央 国务院关于支持深圳建设中国特色社会主义先行示范区的意见》中，打造"城市文明典范"是五大战略定位之一，"率先塑造展现社会主义文化繁荣兴盛的现代城市文明"是五个重点任务之一。深圳将文明城市建设纳入经济社会发展中考量，着眼于民生福祉持续增进，着眼于城市可持续发展。深圳出台实施《深圳城市文明建设规划（2021—2035 年）》《深圳市创建全国文明典范城市行动纲要》《深圳市公共文明提升三年行动计划（2021—2023 年）》等指导性文件，对城市文明建设进行全面规划。在创建文明典范城市中，深圳提出以文化软实力取胜，打造了新时代十大文化设施、十分钟文化服务圈、全球全民阅读典范城市等文化品牌，构建现代公共文化服务体系，推动文化软实力实现跃升。对于深圳而言，创建全国文明典范城市，是与物质文明高速发展相适应的使命所系、发展所需、民心所向，是建设好中国特色社会主义先行示范区的必然抉择。

苏州是全国首批 24 个历史文化名城之一，文明城市创建机制非常成熟，是全域文明之城。苏州位于长江三角洲中部、江苏省东南部，是全国城乡差距最小的城市之一，常住人口在长三角地区排名第二，是江苏省唯一超千万的城市。苏州于 2008 年首次获评全国文明城市，苏州代管 4 个县级市中，张家港市于 2005 年便创建成为首届全国文明城市，常熟市获评第五届全国文明城市，太仓市、昆山市入选第六届全国文明城市，苏州实现全国文明城市全域化。对于争创文明典范城市，苏州制定了《深化新时代文明实践引领，建设全国文明典范城市三年行动计划（2021—2023）》，着力实施市民精神风貌提升、新时代文明实践中心（所、站）建设提升、舒心家园共建、乡风文明和乡村治理提质、净美环境守护、文化惠民、公共服务共享、"诚信苏州"建设、企业社会责任促进、友好型城市建设工程等十大工程。

与济南一样同为省会的成都，是西南地区两大核心城市之一，不但历史文化深厚，更是在城市文明建设方面走在了全国前列。早在2008 年，成都就和南宁、南京一起入选第二届全国文明城市，成为全国首批入选全国文明城市的三座省会城市之一。为争创全国文明典范城市，成都出台了《成都市争创全国文明典范城市十条措施》，以及配套的《成都市创建全国文明典范城市行动方案》，优化了争创全国文明典范城市的制度体系，并提出了一系列务实举措。作为统筹全市争创全国文明典范城市的纲领性文件，从提高政治站位、健全工作机制、强化安排部署、抓住工作重点、提升文明素养、发动群众参与、弘扬文明风尚、推进智慧创建、纳入绩效管理、加强工作保障 10 个方面提出明确要求。并将要求细化为 37 项任务清单，每项任务清单都标明责任单位和完成时限。同时，充分结合当前城市治理和文明素养的短板弱项，重点针对老旧院落、交通秩序、基础设施、市民文明素养、背街小巷整治、农集贸市场六个方面提出"六大攻坚行动"。

与济南同省的青岛，是首批全国文明城市之一，多年来在公共场所文明、城市管理、环境保护等方面都有积极有效的管理和监督，并积极推动城市文化建设、旅游发展，为城市的发展注入了新的活力。对于争创文明典范城市，青岛印发《青岛市"大干 500 天 争创文明典范城"攻坚行动方案》，提出以争创全国文明典范城市为牵引，着力提升城市功能品质，着力提高社会文明程度，积极培育和践行社会主义核心价值观，促进市民坚持共同的理想信念、价值理念、道德观念，打造信仰坚定、崇德向善、文化厚重、和谐宜居、人民满意的文明之城。方案从环境卫生整治提升、市容秩序整治提升、交通秩序整治提升、基础设施整治提升、农贸市场整治提升、窗口行业服务质量提升、校园周边环境综合治理、校外培训机构治理、乡村"复兴少年宫"建设、新时代文明实践中心建设、文明村镇创建、公益广告景观小品宣传等方面，发起十二项攻坚行动。方案提出，经过约 500 天的大干攻坚，努力让青岛成为物质文明建设和精神文明建设高质量发展、社会治理能力和城市治理水平高效能提升、群众生活质量和城市发展品质高水平改善、市民文明素质和城市文明程度高标准示范，具有显著的创建带动力、价值引领力、区域辐射力、国际影响力的文明城市范例。

郑州是与济南旗鼓相当的省会城市，二者在区域战略地位、经济发展情况以及文化资源总量上都有相似之处。郑州是中原经济区、郑州都市区的核心城市，2011 年跻身全国文明城市行列。对于争创文明典范城市，郑州第一时间出台了《郑州市深化全国文明城市创建三年行动计划（2021—2023 年）》，提出以郑州创建工作的高标准带动县（市）创建工作的高标准，确保郑州全国文明城市创建实现"五连冠"，努力争取全国文明典范城市资格；确保巩义市全国文明城市创建实现"三连冠"；力争新郑市、荥阳市、登封市、新密市进入全国文明城市（县城）行列；确保中牟县进入省级文明城市（县城）行列、力争进入全国文明城市（县城）提名城市行列。郑州制定全国文明城市创建工作体系：实施 1 个三年行动计划，推进文明城市创建、实地测评综合整治、未成年人思想道德建设、市民文明习惯养成 4 个专项工作，落实用好"市委书记、市长签批"制度、落实"结对共创"制度、严格"评优评差"制度 3 个工作机制。郑州计划通过三年有效行动，让城市精细化管理水平不断提高，市民文明素质和城市文明程度有效提升，建设"信仰坚定、崇德向善、文化厚重、和谐宜居、人民满意"的文明城市。

济南同这些城市一样，将文明典范城市视为一种制度建设，正是与眼下城市社会经济高质量发展所匹配、相助力的，是建设新时代现代化强省会的重要抓手。

2020 年 12 月，济南将创建全国文明典范城市纳入济南市"十四五"规划，并做出了全面部署：制定实施新一轮文明城市创建行动计划，全面推进文明城市、文明村镇、文明单位、文明家庭、文明校园创建。建好用好新时代文明实践中心，广泛开展志愿服务活动。积极推进社会公德、职业道德、家庭美德、个人品德建设，加强和改进未成年人思想道德建设，深入开展"时代楷模""道德模范""身边好人""出彩人家""最美践行者""榜样"等选树活动，打造"大爱济南"城市品牌。充分运用现代科技手段，建设完善"我爱泉城"市民文明行为激励回馈暨智慧管理总平台，提高文明城市创建的智慧化、规范化、常态化管理水平。开展新时代网络文明实践活动，建设积极健康、向上向善的网络文化。弘扬诚信文化，推进诚信建设，创建国家信用体系建设示范城市，让失信者寸步难行、让守信者一路畅通。2021 年济南市政府工作报告中，明确提出"创建全国文明典范城市，高水平建设独具魅力的历史文化名城"的目标，贯穿到济南城市更新的具体实践中。

2021 年 5 月，济南召开了创建全国文明典范城市动员大会，印发了《济南市创建全国文明典范城市三年行动计划（2021—2023 年）》，济南全国文明典范城市创建工作全面启动。在创建目标上，行动计划提出了精神文明建设新标杆、经济高质量发展新示范、现代城市治理新表率、市民幸福生活新榜样、文化交流互鉴新高地，架构出济南创建全国文明典范城市的新未来。提出扎实推进创建全国文明典范城市的强基铸魂工程、文明创建工程、文化繁荣工程、提质立品工程和民生幸福工程五大工程，开展"创城最美"赋能行动、"公益宣传"赋能行动、"智慧创建"赋能行动、"行业示范"赋能行动、"法治保障"赋能行动、"网络文明"赋能行动六大赋能行动。

按照行动计划，济南到 2021 年年底，全国文明城市建设水平持续提升，补齐短板弱项，攻克难点问题，创建全国文明典范城市成为全市上下共同的目标追求，适应创建新内涵和新标准的机制体制健全完善，创建工作走在全国前列。到 2022 年年底，各项创建任务协调推进、全面起势，市民对创建活动的支持率、参与度、满意率达到新高，继续保持创建工作全国领先地位。到 2023 年年底，创建工作实现重大突破，各创建目标取得全方位、深层次、整体性成绩，基本建成理想信念坚定、文明程度领先、经济高质发展、政治廉洁高效、文化繁荣厚重、社会和谐安定、生态文明良好、治理效能提升、群众高度认可、工作常态长效的全国文明典范城市。

济南在尊重和顺应城市发展规律基础上，坚持文明创建与经济发展相辅相成、协同推进，向着文明典范城市的创建目标稳步前行。

济南的策略与布局

　　2022年5月，济南在"提升城市软实力创建文明典范城"动员大会上，首次提出以城市软实力为战略牵引创建全国文明典范城市，明确要提升城市软实力。

　　对于济南而言，提升城市软实力是一个创造性的提法。济南对于城市软实力的概念，长期都局限在"文化软实力"上。2020年7月，中共济南市委十一届十一次全会就提出要做强文化软实力。2021年度全市文化和旅游工作会议上再次提出，全面提升济南文化软实力。但随着诸多国家战略的落地，济南社会经济建设的快速推进，"文化软实力"概念的供给已经不能满足城市的发展趋势，提升与硬实力相对应的软实力成为迫切需求。

　　提升城市软实力是一项系统工程，必须树立系统思维、增强系统观念，把握好传承与发展的关系。2022年，济南在省会城市中率先提出并系统推进城市软实力建设。济南在政府工作报告中提出：聚力提升城市软实力，在扎实推进文化强市建设上开新局。围绕提升城市软实力，提出了推动沿黄城市文旅资源整合协作，推出黄河主题线路、打卡地和文创产品，打造济南黄河文化 IP 等一系列举措。围绕黄河重大国家战略，重新激活文化基因，为软实力建设赋能。2022 年 4 月，中共济南市第十二次党代会提出，文化是城市精神的传承与根脉，硬实力让城市强大，软实力让城市伟大。城市既要有筋骨肉，更要有精气神。老百姓既要富口袋，更要富脑袋。要把城市软实力提升与文明城市创建有机结合起来，积极创建全国文明典范城市。

济南逐渐将城市软实力的视角放在一个更广阔的范围中，软实力不再只局限于文化，而是包括城市文化、政府服务、居民素质、形象传播等非物质要素的总和。但城市软实力建设是一个长期的系统工程，非一朝一夕所能成，济南务实地用实现全国文明典范城市的标准去撬动城市软实力建设。城市软实力提升了，文明典范城市的创建会更顺畅；文明典范城市创建成功了，城市软实力会得以提升。提升城市软实力和创建文明典范城市的方向和目标一致，重点任务相互关联，二者相辅相成、相得益彰。

为此，济南在《关于"提升城市软实力创建文明典范城"的实施意见》中，将文明典范城市创建 200 多项测评标准融入其中，明确了 42 个市直部门的 56 项具体任务。济南印发《"提升城市软实力 创建文明典范城"2022 年"十大攻坚行动"实施方案》，提出即日起至全国文明城市年度测评、全国文明典范城市试点综合测试结束，全市各级各部门以测评"零失分、得满分"为目标，进入攻坚状态，主攻市容市貌净化美化绿化攻坚行动、交通秩序整治攻坚行动、道路设施提升攻坚行动等10项重点任务。济南以"十大攻坚"为立足点，从市民重点关注的热点难点着手，打通城市管理堵点痛点，改善提升城乡环境面貌，全面达到或超过创建标准要求，并让人民生活是否幸福、生活品质是否提高、文明内涵是否提升成为检验城市软实力提升的标准。

随着认识的统一和理解的深入，济南很快就将工作重点全放在了提升城市软实力上，济南开启了提升城市软实力的实践。对于如何提升城市软实力，济南提出了一个初步的思路，即围绕提升核心价值引领力、城市文化驱动力、公益志愿感召力、城市品牌影响力、城市创意创新创造力、公共服务保障力、开放沟通拓展力、宜居宜业宜游吸引力、社会治理协同力、城市形象传播力等十个方向来谋篇布局。

在提升核心价值引领力方面，济南提出在学习贯彻习近平新时代中国特色社会主义思想上做先锋，在培育践行社会主义核心价值观上当模范，在创建全国文明典范城市上走在前。无论是创建全国文明典范城市，还是提升城市软实力，都离不开核心价值观的感召和引领，核心价值观是城市软实力和文明城市的共同内核，也是共同的建设目标。马克思主义在意识形态领域指导地位的制度是中国特色社会主义制度体系的一项根本制度，社会主义核心价值体系是文化制度建设的坚实内核，并纳入新时代坚持和发展中国特色社会主义的基本方略，是保证中国特色社会主义事业健康协调发展的内在灵魂。对济南来说，弘扬城市精神和城市品格就必须通过核心价值观凝聚起全社会的思想共识，需要将核心价值观各个层面的理念彰显于城市发展、社会运行、个人生活的过程和细节中，在社会层面形成培育和践行社会主义核心价值观的强大主旋律和正能量，展现城市精神的新面貌。

在提升城市文化驱动力方面，济南提出坚持以文兴城、以文塑城，大力推动中华优秀传统文化创造性转化、创新性发展，引导全市上下增强坚守正道的定力、砥砺前行的动力、变革创新的活力，为济南崛起提供强大价值引导力、文化凝聚力、精神推动力。济南是齐鲁文化的交汇融合地、龙山文化的发现地、黄河文化的代表地、泉水文化的象征地，文化资源丰富，底蕴深厚，有提升城市文化驱动力的基础和优势。长期以来，济南坚持以文兴城、以文塑城，把丰富的历史文化资源利用好，并促进科技创新与文化创新加速融合，让丰富的历史文化资源持续不断转化成助力城市建设的优质发展资源。

在提升公益志愿感召力方面，济南提出坚持"人人都是软实力"，紧紧依靠群众、充分发动群众，广泛动员社会力量，有效运用市场机制，广泛开展公益志愿活动，让人与人美美与共、人与城相互成就，凝聚起全面发动、全域联动、全民行动的强大合力。无论是城市软实力建设还是文明城市创建，都应贯彻以人民为中心的核心理念，让广大市民享受到实惠并体现价值。公益志愿服务，是一种城市生活和价值认同，是城市人文关怀的重要一环，也是城市温度的彰显，是社会文明进步的重要标志。截至 2022 年 8 月，济南市注册登记志愿者达到 150.5 万，占常住人口的 16%，志愿服务队伍达到 1.41 万个，开展志愿服务项目 5 万余个，志愿服务时长 2200 万余小时。当行善如流成为城市新风尚，必然会提升城市美誉度，打造精神文明建设新高度。

在提升城市品牌影响力方面，济南提出建立健全覆盖全空间、全领域、全周期的品牌建设体系，着力做强新品牌、擦亮老品牌、叫响大品牌，让更多"济南造"唱响全国、走向世界，打造具有国际影响力的品牌之都。"推动中国制造向中国创造转变、中国速度向中国质量转变、中国产品向中国品牌转变"，是时代的要求。济南品牌近年来有较快的发展，覆盖农业、工业、科技及服务业等众多领域，235家企业获评山东省高端品牌培育企业，31 个济南品牌入选首批"好品山东"，11 家企业入围"2021 中国企业 500 强"，数量上均居山东第一。这些驰名全国的品牌，是这座城市重要的无形资产宝贵的名片，更是提升城市影响力、增强城市竞争力的重要支撑。未来，济南将继续在自主创新、质量提升、转型发展等方面继续下大功夫，以品牌建设推动高质量发展。

在提升城市创意创新创造力方面，济南提出强化创新在发展全局中的核心地位，打破制约束缚，打造良好环境，广泛集聚创新资源、汇聚创新动能、建设创新平台、培育创新主体、凝聚创新人才，让创新创造成为济南发展最强劲的澎湃动能。创新是引领发展的第一动力，作为省会城市，济南需要在发展创新力上做好示范引领、走在前。近两年来，济南陆续施行多项政策，在各领域及各项工作中推动了城市创意创新创造力的提升。如济南着力推进以科技创新为核心的全面创新，从科研项目推进到科研结果落地转化，在增强经济社会发展创新力上不断取得新成绩。重点推动"山东手造"形成产业新动能，不断提升创意创造力，以传统文化凝心聚力，为经济社会发展注入源源力量。

在提升公共服务保障力方面，济南提出深入推动公共服务供给侧结构性改革，完善公共服务供给体系，提升公共服务供给能力，以高质量公共服务不断增强人民群众的获得感、幸福感、安全感。公共服务是城市软实力的一项非常重要的内容，体现城市温度，蕴含城市发展潜力。公共服务关乎民生，提升公共服务保障力，就是要满足人民群众多层次、多样化、多方面的公共服务需求，让城市温度通过解决实际问题、满足实际需求触达城市中的每一个人。济南以文明城市创建为契机，继续强化创新在公共服务供给侧的引领驱动作用，通过完善公共服务体系，提升城市管理现代化、精细化水平，营造舒适生活环境等多种方式，不断提升城市软实力。

在提升开放沟通拓展力方面，济南提出聚焦建设国家中心城市，发挥济南比较优势，加快提升济南国际国内影响力、区域经济带动力、高端资源要素集聚力、开放门户枢纽辐射力，开创开放共赢新局面。济南的自主开放始于近 120 年前的自开商埠，开放、包容已经成为城市的基因。济南主动融入和服务国家开放大局，打造黄河流域对外开放门户。济南对接"一带一路"建设，已开通欧亚班列线路 12 条，可通达 19 个国家 46 个城市。中国（山东）自由贸易试验区济南片区揭牌，推动贸易投资便利化，拓展国际市场空间，打造国际机构与国际人才聚集区。此外，频繁展开国际青年交流大会、世界先进制造业大会、中国国际文旅博览会等国际性盛会以及文体、经贸交流活动。随着"强省会"的逐步建成，济南将在开放的道路上越走越宽。

在提升宜居宜业宜游吸引力方面，济南提出立足泉城人文和自然优势，全面提升城市品质内涵，全方位营造舒适生活环境、极致便民服务、一流城市体验，让泉城更有韵味、更为雅致、更加卓越。宜居、宜业、宜游是彰显城市活力的标签，能够体现城市品质与发展潜能。近年来，济南在城市生态、景观改造和人居环境方面扎实推进，着力打造遍布城市的各类城市公园、山体公园、湿地公园，并编制《济南黄河生态风貌带规划》，打造黄河生态风貌带。济南在宜业方面也有扎实的作为，如一次性创业岗位开发补贴、青年创客支持政策、宽松的落户政策等。在宜游方面，济南有"山、泉、湖、河、城"一体的独特自然禀赋，有龙山文化、济南古城、济南商埠等历史文化遗

迹，有丰富的现代文化产业和文化旅游产品供给。近年，济南先后获
"2019—2020 年度中国十大美好生活城市""2019 国际花园城市竞赛
最高奖项金奖""国家公交都市建设示范城市"等荣誉。

在提升社会治理协同力方面，济南提出以推进市域社会治理现代
化为抓手，着力提升社会治理科学化、精细化、智慧化水平，让城市
更具韧性、更为安全、更加包容，努力走出一条特大城市现代化治理
新路子。让人民幸福是城市治理的核心原则，对千万人口的济南来说，
加快数字城市建设，激发数字经济活力，增强数字政府效能，优化数
字社会环境，筑牢数字安全屏障，是提升社会治理协同力的必然手段。
近年来，济南全面推进智慧城市建设，扎实推进平安济南建设，让人
民群众的获得感、幸福感、安全感更加充实、更有保障、更可持续。
2022 年，济南召开数字济南建设推进大会进行系统部署，明确建设数
字济南的目标是打造省内领跑、全国一流的数字先锋城市，市民将获
得更多数字红利、享有更美好的数字生活。

在提升城市形象传播力方面，济南提出创新对外传播形式，健全
现代传播体系，加强对外文化交流，精彩讲好新时代济南故事，全面
提升城市知名度美誉度，让更多人认识济南、了解济南、爱上济南。
济南一贯高度重视树立良好的城市品牌形象，并积极推进城市形象的
传播工作，推出一系列创新举措。如建成全省首个区域性国际传播中
心，成立网络名人巡访团、泉城推介官、网络泉城代言人队伍，创新

打造"泉城发布厅""理响泉城"等宣传品牌，精心策划开展"东亚文化之都"济南活动年百场活动。在国际传播方面，济南在第二届中国城市国际传播论坛上曾获评"海外媒体关注城市"。参考智库与中外传播智库联合发布的中国城市海外社交媒体传播力指数（2023 年 6 月号）中，济南在 120 家中国城市监测目标中，Twitter（推特）传播力指数排名第 3 位，Facebook（脸书）传播力指数位列第 8 位。2023 年世界城市品牌大会上，济南国际传播中心报送的案例入选"长城奖 – 文旅好品牌"国际传播优秀案例。

对于这些目标取向，济南初步着手从促进文旅融合、优化营商环境、打造人才高地、推动科技创新、提升治理能力五个方面落地。深耕文化资源，推动优秀传统文化在创造性转化、创新性发展中焕发生机，注重传统文化与现代时尚的文化融合，通过发展新业态，拓展文旅商消费新领域。突出服务导向和效果导向，制定《"十四五"优化营商环境规划》，通过推动"放管服"改革等系列举措，增强服务高质量发展的创造力和执行力。济南一直高度重视人才工作，在全国副省级城市中率先出台"零门槛落户"政策及"头雁工程""火炬工程""摇篮工程"三项机制。济南采取系统化保障举措，支撑科技创新能力，加强产学研用深度合作推动成果转化应用，鼓励企业加大研发投入提高自主创新能力。为实现城市治理体系和治理能力的有效提升，济南一手抓智慧城市建设，一手围绕群众关切，让群众充分享受城市红利。

　　2023 年 2 月，北京大学济南市人民政府战略合作协议暨北京大学济南城市软实力研究院项目签约仪式在北京大学举行，双方将共建北京大学济南城市软实力研究院。根据共建协议，北京大学济南城市软实力研究院将以建设国际一流的城市软实力研究基地和高端学术对话交流平台、助推济南经济社会高质量发展为目标，开展城市软实力学术理论研究、教育培训推广、实践应用探索、成果孵化转化和产业培育壮大等工作，打造引领全国提升城市软实力的核心引擎和示范样板，为探索中国特色城市软实力建设道路提供路径支撑。根据协议，研究院将围绕城市软实力的理论研究、教育培训推广、实践应用探索、成果孵化转化和产业培育壮大等方面具体开展十项重点工作。

　　北京大学城市软实力研究院是北京大学第一家跨学科异地科研院所，也是目前全国唯一一所从事城市软实力研究的新型研发机构。它的设立，说明了济南的软实力建设极具典型性，值得深入研究和实践，其经验和成果也将具有普遍的指导意义。北京大学城市软实力研究院旨在建设国内首个国际一流的城市软实力研究基地和高端学术对话交流平台。而对于济南来说，北京大学城市软实力研究院在济南落地本身，就是一种软实力的体现。

"十大之城"

　　提升城市软实力是济南迈向更高发展阶段，拓展发展新空间、塑造发展新优势，带动城市能级全方位、更高层次、更可持续提升，建设现代化、国际化、智慧化、绿色化省会城市，塑造新时代城市精神的战略选择和重要举措。提升城市软实力是一项系统性工程，济南将散布于各方面的诸多工作统一到推进城市文化品牌建设中来，整合为"十大之城"，即十个城市文化品牌。

　　城市文化品牌是城市特有的文化元素如历史文化积淀、文化产业优势，通过特定差异形成的一个系统的、可感知的品牌形象，是城市文化精神、价值体系和文化软实力的重要体现。良好的城市文化品牌有利于带动产业结构升级，加速地方经济发展，实现可持续发展。塑造城市文化品牌是提升现代化城市发展水平的重要手段，可以实现城市文化实体经济的协同发展，并大幅度提升城市软实力。

　　提升城市软实力的济南实践，是以创建全国文明典范城市为统领，全面推进"十大之城"建设。具体包括：红色之城、文化之城、天下泉城、温暖之城、魅力之城、活力之城、品质之城、开放之城、善治之城、幸福之城。

1. 红色之城

红色是济南的城市本色，是提升核心价值引领力的重要一环。信仰的支撑和对文明的坚守，是推动城市发展的强大精神力量。大力弘扬红色文化，持续做好文明创建工作，就能为日新月异的发展提供着源源不断的精神动力，对内提升了凝聚力。济南的红色文化资源丰厚，是全国最早建立共产党早期组织的六座城市之一、"五四运动"的发端地，红色历史及红色遗迹众多，适宜以红色文化为亮点，打造红色之城品牌，对外形成吸引力。济南将培育践行社会主义核心价值观深入实施文明创建工程，广泛开展文明村镇、文明单位、文明家庭、文明校园等群众性创建活动，深入开展文明交通、文明旅游、网络文明、城乡共建、诚信建设、节俭养德等主题活动，积极培育和践行社会主义核心价值观。

建设"红色之城"，济南提出的主要工作任务是深入挖掘济南红色资源，建设红色资源影像馆，充分发挥中共山东早期历史纪念馆、济南战役纪念馆、莱芜战役纪念馆、大峰山党性教育基地等红色阵地作用，大力传承弘扬红色文化。面向全市公开征集、提炼推广新时代济南城市精神，凝聚强省会建设的强大精神力量。

2. 文化之城

文化是济南这座历史文化名城的底蕴和根基。几千年的文化传承，造就了城市深厚的文化积淀，随着时间和城市空间广度的延展，济南文化的精神内涵也在丰富，并不断反馈给这座城市深刻影响和积极效应。如今，济南正全力打造国际知名文化旅游目的地，"不断提升城市文化品位，增强人民精神力量"，这与打造"文化之城"的路径是相同的。济南提出将增强先进文化引领力，释放优秀传统文化新活力，提升公共文化供给凝聚力，激活现代文旅产业发展力。

建设"文化之城"，济南提出的主要工作任务是深入挖掘利用齐鲁文化、红色文化、黄河文化、泉水文化、名士文化、二安文化等资源，打造一批体现中华文明、具有泉城特色的文化地标。全面梳理黄河文化文物资源，加快推动齐长城国家文化公园、黄河国家文化公园（济南段）、黄河文化博物馆等重点项目建设。加快推进"济南泉·城文化景观"申遗，创建一批国家、省级文化生态保护区，打造非遗文化名城。研究制定博物馆发展扶持政策，建设市博物馆新馆，大力实施类博物馆培育计划，打造"博物馆之城"。规划建设大辛庄遗址公园，推进城子崖国家考古遗址公园建设。高质量办好中国非遗博览会、中国文化旅游交易博览会、济南国际双年展等高端文化展会，努力打造在全国有重要影响力的文化会展名城。坚守传承、不断创新，必将赋予文化多样发展更加广阔的空间，不断提升城市的气质内涵和人文精神。

3. 天下泉城

泉水是济南的城市特色和城市软实力的重要内容。济南素有"泉城"的美誉，名泉众多，城市与泉水相生相伴，举世罕有，故可谓之"天下泉城"。天下泉城的另一层含义，是将泉景观及泉文化传播出去，让更多的人感受到泉的魅力，并成为对外文化交流的一部分，提升城市的吸引力。在济南，如何与泉水共生，成为城市建设中要解决的首要问题。为此，济南市第十二次党代会报告中提出，加强泉水保护利用，在城市规划中充分尊重泉水、在城市建设中充分珍爱泉水、在城市管理中充分呵护泉水，强化泉域保护区管控，加快"泉道"建设，深化泉水直饮工程，打造更多亲泉、赏泉、品泉空间，让大自然的馈赠真正成为全市人民的共有、共享、共乐。

建设"天下泉城"，济南提出的主要工作任务是做大做强济南国际泉水节，规划建设国际一流的泉水博物馆，打造独一无二的世界泉水公园城市。做好一刊一网一智库、一歌一号一论坛，做大做强新黄河客户端，推出国际版外宣平台"泉声"，成立东亚文化之都新媒体联盟、世界大河新媒体联盟，承办高规格年会，打造新媒体之都。建设济南国际传播中心，组建外宣工作团队，构建海外社交平台传播矩阵。如今，济南正加快推动"泉·城文化景观"申遗，在这一过程中不断提升泉城文化遗产保护利用水平，更好传承和弘扬泉城特色文化，让泉在新时代释放出更多新活力。

4. 温暖之城

自古而今，济南一直是一座有温情的城市，这是城市精神的体现。人，是城市的主体，是城市软实力的塑造者和文明城市的创建主力，更是各类城市文明的享有者。由人构造的城市，就要处理好人与人之间、人与城市之间的和谐关系，营造充满温情、文明友爱的浓厚氛围，是一项始之于民、惠之于民的事业。随着城市硬实力不断跃升，城市人口的增多，城市文明程度的不断提升，济南的市民文明素养和城市精神也在发生着变化。温暖之城的建设，其实更多的是出自创建全国文明典范城市的需求。

建设"温暖之城"，济南提出的主要工作任务是推出更多各行各业、不同层次的时代楷模、道德模范、最美奋斗者、文明市民、身边好人、廉洁典型，在全国道德模范等国家级先模人物评选中榜上有名。深化拓展新时代文明实践中心建设，积极融入基层党建、乡村振兴、社会治理、新时代美德山东建设。培育提升"我爱泉城""泉城义工""爱涌泉城""旅游啄木鸟"等志愿服务品牌，实施推广"小橘灯""爱心拉面"等一批公益服务项目，让"泉城志愿者，哪里需要哪有我"成为济南新风尚。

5. 魅力之城

魅力，源自品牌荟萃。品牌是城市的特色产品、特色形象的集中体现，由城市的自然和人文景观及多层次的产品和服务的品牌所构成，是城市软实力的重要组成部分，也是提升城市竞争力、美誉度的助推动能。品牌的文化内涵是提升品牌附加值、产品竞争力的原动力，创建品牌本质上就是建设城市文化、提升城市品质的过程。城市品牌植根于城市的制度结构和产业竞争优势之中，制度建设和管理水平成为支撑城市品牌不断提升的持续内在因素和基本结构。当代城市，需要培育和发展多层次的系列产品和服务品牌，形成支撑城市文明的多元支点，不断提高城市的竞争力和影响力。

建设"魅力之城"，济南提出的主要工作任务是加强农业、工业、科技、文化、服务业、建筑业等领域品牌培育。制作"品牌济南"系列宣传品，充分利用"好品山东"推介济南优势品牌。积极打造诗城词都、曲山艺海、书香济南、海右文艺等文化品牌，设立"新黄河文学奖"。开展趵突泉泉群、百脉泉泉群、白泉泉群等166处历代七十二名泉景观提升工作，打造一系列赏泉、听泉、咏泉、品泉等泉水文化品牌。积极创建国际消费中心城市，全年引进和培育全国性、国际性展会25场以上，新引进商业品牌首店50家以上，使济南成为国内外知名品牌的重要集聚地。

6. 活力之城

城市的活力在于创新，"活力之城"，这一表述在济南城市发展路线图中首次出现。山东省2022年工作动员大会提出，要重点抓好加强科技研发创新等"十大创新"。随后召开的济南市 2022 年工作动员大会，同样以"创新"为主题，明确提出要实施十二项改革创新行动。济南市政府工作报告中，将"聚焦打造创新发展高地攻坚突破"作为未来五年的长远目标。济南正全力以赴推动新时代社会主义现代化强省会建设实现新突破，需要全方位、高标准、可持续提升创新驱动力，并让创新渗入经济社会生活的各领域、各方面。

建设"活力之城"，济南提出的主要工作任务是用好全国首个科创金融改革试验区政策，做好科技金融企业与金融的对接。建设济南人才管理改革试验区，推行重点科研项目"揭榜挂帅"制度，解决重点发展领域关键核心技术问题。设立驻济高校科技成果转化和技术转化基地，打造山东省技术成果交易中心（济南），加快科研成果落地转化。同时，搭建各类驻济高校人才聚焦服务平台、创业就业平台，对接 40 所"双一流"等重点院校，战略合作高校突破 100 家，吸引高校人才在济创业发展。高品质建设山东手造（济南）展示体验中心，举办中国动漫文化艺术节。广泛开展全民健身运动，培育知名赛事活动品牌，提升体育公共服务水平，打造体育名城。

7. 品质之城

品质城市是发展质量与文化品位高度融合、有机统一的城市，主要包括城市的经济发展品质、社会文化品质、生态环境品质、公共服务品质和居民生活品质五个方面，是新型城镇化深入推进的需要。城市品质的优劣，可以根据推荐性国家标准《新型城镇化 品质城市评价指标体系》进行评价。2021 年首届品质城市论坛发布的《中国 100 城市品质指数》中，济南排名第 18 位。

建设"品质之城"，济南提出的主要工作任务是加强泉水保护利用，打造泉水游精品线路，建设 30 处市民泉水直饮工程。加快实施明府城、老商埠、上新街、洪家楼等片区保护建设，打造彰显泉城特色和文化底蕴的高品质城区。巩固山体绿化提升和山体公园建设成果，办好泉城市民登山节。加快城市更新，实施背街小巷、老旧小区微创意微改造微提升，让城市"角落"成为富有泉城地域特色的景观小品。

8. 开放之城

开放，是城市软实力提升的法宝。济南有着衔接南北、贯通东西、联通世界的战略区位优势。迈向国际化，是济南促进高水平对外开放和高质量经济发展、提升省会城市功能和城市首位度的必由之路。济南基础设施完善、产业配套完备、交通物流便利，是对外经济合作的重要地区，需要不断提高对外开放水平，不断加深与世界的联系，逐步成为一座开放的国际化城市。在济南"十四五"规划中，对外开放被作为"七个新跨越"之一来布局谋划。济南提出，要主动融入和服务国家开放大局，积极对接"一带一路"建设，抓住区域全面经济伙伴关系协定达成的契机，实施更大范围、更宽领域、更深层次对外开放。

建设"开放之城"，济南提出的主要工作任务是深化与共建"一带一路"国家和地区、RCEP 成员国合作，打造对日韩开放战略支点。规划建设黄河流域国际交往中心，营造类海外环境，建设外国领事机构、国际组织、国际商会集聚区，建立快捷高效的外国人来华工作许可、居留许可受理审批机制。同时，组织好 2022 东亚文化之都·中国济南活动年系列活动，联合中日韩 25 座文都城市共建国际文化传播栏目、共述文化传播话题，积极参与中韩文化交流年等活动，建设海外文化驿站，扩大海外朋友圈。积极申办国际性品牌赛事，办好声动泉城名家名篇诗文咏诵会、泉声曲韵京剧名家名段演唱会、济南国际合唱节等特色活动。加强济南都市圈文旅协作，加快打造"山水圣人"中华文化枢轴，建设世界级文旅共同体。济南在与世界的全面互动交流中，进一步提升城市的综合竞争力和辐射带动力，

9. 善治之城

城市治理是国家治理体系和治理能力现代化的重要内容，涉及城市运行的各个方面、各个环节，它决定着居民"幸福指数"的高低，是城市软实力的重要组成部分。十年来，济南累计制定地方性法规 28 件，年均组织开展普法宣传活动 6000 余场次，入选"全国首批法治城市创建先进市"。近年来，济南持续提升城市治理现代化水平，加快健全现代化治理体系，推动社会治理不断取得新成就。

提高城市治理、社会治理能力，建设"善治之城"，济南提出的主要工作任务是深入推进"放管服"改革，优化完善"爱山东·泉城

办"APP功能，力争接入应用服务达到2000项。建好用好城市大脑，提升城市治理的效能和智能。建立政府部门、社区、社会组织、市民等多方参与的公共事件应急联动机制。建好用好一站式矛盾纠纷调解中心，高水平建设平安济南。

10. 幸福之城

作为城市，济南不仅要实现高质量发展，还要创造高品质的幸福生活。济南市第十二次党代会明确提出"加快建设人民幸福、共同富裕的现代化强省会"，居民收入和经济增长基本同步，乡村振兴战略全面推进，城乡居民收入差距持续缩小，多层次社会保障体系更加完善，率先实现基本公共服务均等化、普惠化、便捷化，人的全面发展、全市人民共同富裕取得更为明显的实质性进展，群众幸福指数大幅提升。幸福都是奋斗出来的！在通往新时代社会主义现代化强省会的道路上，济南正在用勤勉奋斗的实际行动推动高质量发展，展现出为市民群众创造更加幸福生活的决心与信心。

建设"幸福之城"，济南提出的主要工作任务是增加更多优质的教育、医疗、文体等领域的设施，建设改造一刻钟便民生活圈18个，建设新型社区服务综合体。在新旧动能转换起步区、中央商务区统筹布局一批公共文化馆群，新建泉城书房、泉城文化驿站等公共文化空间40处以上，改造提升老邮局、废旧报亭、工业遗存，打造一批融合图书阅读、艺术展览、文化沙龙、小剧场、咖啡馆等内容的公共服务新型空间。同时，大力实施泉城大舞台、公益演出走基层、戏曲进校园等文化惠民工程，办好文化旅游惠民消费季活动，建设一批国家、省级夜间文旅消费集聚区。聚焦"幸福都是奋斗出来的！在通往新时代社会主义现代化强省会的道路上，济南正在用勤勉奋斗的实际行动推动高质量发展，展现出为市民群众创造更加幸福生活的决心与信心"。一老一小，健全多层次养老服务体系，大力发展普惠托育服务，完善"三孩"生育政策配套措施。

十大之城的建设目标，有些侧重于城市软实力，有些侧重于创建文明典范城市，基本涵盖了城市发展所需的内涵。打造十大之城，符合当今济南高质量发展的需求，为济南勾勒出城市未来的美好图景。但需要认清的是，除少部分已经基本成熟的城市文化品牌外，部分品牌建设尚处在起步阶段，大多还只是一个资源整合的初步概念，需要付出长期、扎实的工作和努力。

一点思考与评价

　　城市，是人和资源的聚合体。过去，各种资源的汇聚需要漫长的时间，一座城市的崛起到辉煌要用几十年乃至上百年。但在高速发展的今天，处于国家战略下的城市建设非常迅速，硬实力的沉积不需要太久的时间。如何快速提升城市的软实力，使之跟上硬实力的发展速度，满足高质量发展的需求，提升城市竞争力，是各大城市普遍都面临的问题。就软实力的特点和形成规律而言，因城市快速发展而实现的软实力提升需要较长的时间，这是文化本身的诸多特征所决定的，这就需要依靠各城市长远规划并强有力的推动，去主动建设。

　　软实力的两大表征是对内的凝聚力和对外的吸引力，但这绝不是文化或其他方面单独能实现的，城市软实力的内核是城市的硬实力。对大多数大型城市及特大超大城市来说，软实力的建设，归根结底要靠硬实力的建设。一座城市，没有强大的硬实力支撑和推进，就很难实现城市软实力的飞跃。我们顺应这一规律的做法，是在国家发展战略下，审视城市发展需求和城市发展策略，将软实力建设纳入到城市整体建设体系中，软实力发展目标应紧跟硬实力发展速度，或者说要有相应的硬实力为依托，在增强硬实力的前提下去建设软实力。文化，只有附着在高质量社会实体或产业之上，才能迅速形成实力，产生强大而持久的吸引力和凝聚力。任何抛弃实体产业的软实力建设，都是不能持久的。

作为一项系统工程，提升城市软实力应有明确的发展目标和建设路径。城市软实力是一种城市个性，有很大的差异性，这也是城市自发形成的最大竞争力。一个城市发展软实力，要明确发展目标是什么，或说建设成为一个具有什么样城市特质的软实力体系。在这一前提下，结合各方面的发展建设情况，系统性地规划提升路径，才能整体提升。如上海在提升文化软实力时提出的建设国际文化大都市，济南在提升文化软实力时提出的创建全国文明典范城。但在实施发展目标的过程中，又不可分散精力一哄而上，应结合城市现状，集中城市全力，优先选取几项与经济建设、城市治理联系紧密的路径先期进行，做优做精，打造几个城市文化品牌，带动整体的软实力建设。如成都的"三城三都"建设工作，济南的"十大之城"建设工作，都是如此。

济南虽在文旅发展、城市品质、营商环境、招才引智、改善民生等各个方面都取得了一定成绩，但就文化基础和发展条件而言，并不适宜立刻开展系统性的软实力建设。济南提升城市软实力，是城市再次腾飞前的一项准备，是需求倒逼和需求导向。所以，济南很务实地提出了一个阶段性的目标：创建全国文明典范城市。在这一目标下，做一些基础性的、培育性的工作，使城市精神内化为城市软实力的根基，营造发展软实力的适宜环境，为不远的将来所需的城市软实力飞跃打下基础。并在这一培育过程中，推动城市综合竞争力不断跃升。

济南的实践给了我们很多有益的启示，城市软实力的建设和谋划要做到稳、准、有力，这样才能久久为功，步步为赢。当然，在济南的实践中，我们还看到了一些不足。如在塑造城市精神和城市品格方面，只有策略和决心，而没有形成实际的建设路径，对城市空间变化所带来的文化重构认知不足，城市文化固守于传统资源，城市个性还未破题。在打造城市文化品牌方面，没有做好筛选和取舍，各处同时开花，难以在短时间内形成精品，品牌价值无法完全释放，没有起到应有的作用。在执行层面，各级各部门及各单位常固守陈规和惯性，部门之间存在壁垒，工作人员缺乏整体认知和工作魄力，破坏了提升工作布局的完整性。有些工作重建设轻运营，推动不了软实力的提升，如让文化场所活起来，产生吸引力，就要比建设场馆艰难得多。还有一些提升工作流于形式，投入与产出不成正比，难以实现预期效果，或虎头蛇尾，无法长期延续。在传播方面，媒体往往仍采用传统老套的传播方式和歌功颂德式的内容，缺乏话语体系的构建和传播模式的创新。在反馈机制方面，提升工作中尚未建立侧重于实践的有效的评价体系和评估模式，布局调整的速度和精度。但总的来说，济南软实力建设的策略、布局是成功的，且极具借鉴性。

总之，中国式现代化城市是高质量建设、高质量发展的城市，是高效能治理的城市，是高品质生活的城市。城市软实力建设的实质，是为建设中国式现代化城市提质增效。提升城市软实力的济南实践，就是中国式现代化的济南实践的一部分。